헤이그 특사 이준과 아브라함 카이퍼의 만남

세움북스는 기독교 가치관으로 교회와 성도를 건강하게 세우는 바른 책을 만들어 갑니다.

헤이그 특사 이준과 아브라함 카이퍼의 만남

우리가 몰랐던 두 사회 진화론자들의 만남과 회심

초판 1쇄 인쇄 2023년 8월 10일
초판 1쇄 발행 2023년 8월 15일

지은이 | 김정기
펴낸이 | 강인구

펴낸곳 | 세움북스
등 록 | 제2014-000144호
주 소 | 서울시 종로구 대학로 19 한국기독교회관 1010호
전 화 | 02-3144-3500
이메일 | cdgn@daum.net

디자인 | 참디자인

ISBN 979-11-91715-87-3 (03230)

헤이그 특사 이준과 아브라함 카이퍼의 만남

김정기 지음

우리가 몰랐던
두 사회 진화론자들의
만남과 회심

세움북스

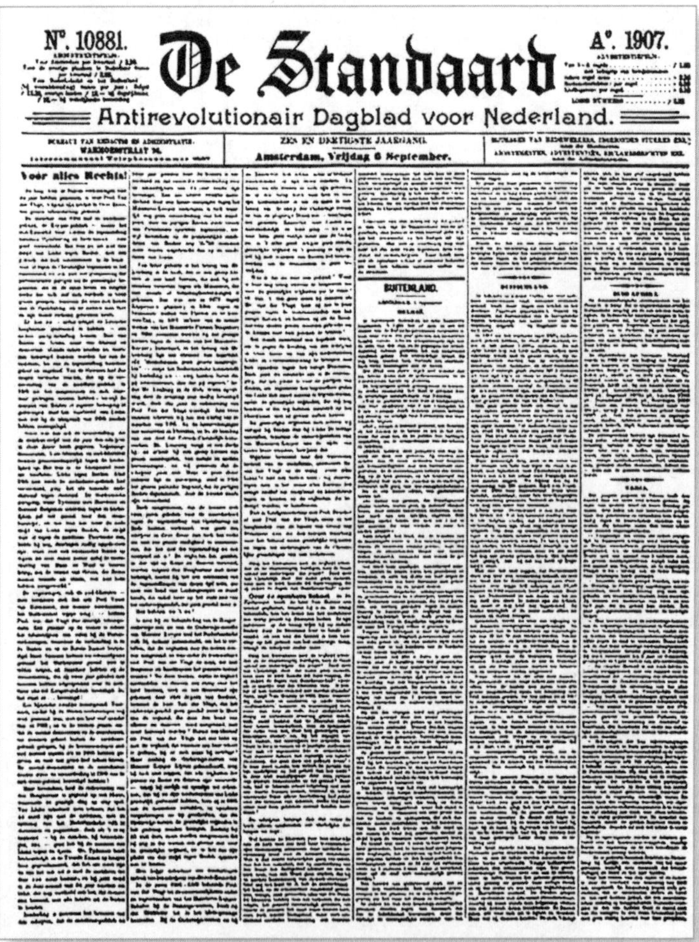

Nº. 10881.

De Standaard

Aº. 1907.

Antirevolutionair Dagblad voor Nederland.

ZES EN DERTIGSTE JAARGANG.

Amsterdam, Vrijdag 6 September.

Voor alles Rechts!

BUITENLAND.

〈이준의 장례 전 소식을 담은 더 스탄다르트지(紙) 1907년 9월 6일 판〉

Prologue

이준의 장례식 전날, 비밀스러운 회동이 일어났다. 한국의 이위종과 네덜란드 반혁명당의 신문 『더 스탄다르트』(*De Standaard*)의 창립 멤버인 판 달휴 판 파릭(van Dalhue van Varick)이 장례식을 하루 앞두고 만난 것이다. 판 파릭은 스페인 압제자들과 싸우는 프랑스 난민 출신 위그노 '바다 거지'에 대한 이야기가 담긴 역사책을 이위종에게 건넸다. 일본의 압제에 대한 한국의 승리를 진심으로 원한다는 선물이었다.

> 망명 중 만국 평화 회의가 개최된 지 얼마 되지 않은 때, 헤이그의 와헌 스트라트에 위치한 작은 호텔에서, 우리가 알다시피 한국의 독립 국가로서의 권리를 천명하기 위해 이곳에 온 한국의 국가 봉직자 중 한 명이 사망했다. 그는 기독교 청년회의 회장이었고 서울 고등법원장이었다. 그는 '에이크 엔 다이넌'에 매장되었다.
>
> 내일 11시에 신체 잔해가 완전히 네덜란드 땅에 묻히게 된다. 여기에 머물러 있었던 이 왕자(저자 주: 이위종)는 결코 일본 정부에게 자신의 전우의 시신을 고국에 묻어 달라는 요청을 하지 않았다.

마지막 이 찬사를 마치고, 이 왕자는 그가 잠시 머물 곳이자, 그의 아내, 공주를 두고 왔던 페테스부르크로 떠난다.

판 달휴 판 파릭은 이 왕자에게 한 역사책을 전했다. 이는 바다 거지들의 스페인에 대항한 투쟁의 역사가 담긴 모틀리(J. L. Motley, 1814-1877)[1]의 책이었다. 이 책은 귀조(Guizot)가 불어로 번역했다. 정당한 목적을 위해 하나님을 신뢰하는 나라는 반드시 승리할 것이라는 회상과 예시의 내용이 담겨 있다.[2]

한국 왕자는 프랑스어와 영어를 이해했다.[3]

1 모틀리는 미국인 작가로서 네덜란드 역사에 관한 방대한 저작을 영어로 다수 남겼다.
2 모틀리의 책은 총 6권으로 이루어져 있고, 1권에서 네덜란드의 '80년 전쟁'에 대한 내용이 나온다. 판 달휴 판 파릭이 전체 6권을 선물했는지, 1권만 선물했는지, 그리고 그의 이야기를 불어로 전달해 주었는지는 확실하지 않다.
3 *De Standaard*, 1907년 9월 6일 보도.

추천사

교회사를 전공하는 한 사람으로서, 저는 성실하고 치밀한 역사가의 작품을 접할 때마다 거의 본능적으로 '질투와 경외'라는 양가감정을 갖습니다. 이번에 추천사를 쓰게 된 김정기 님의 책에서 저는 동일한 경험을 반복했습니다. 새로운 사료의 발굴과 정확한 독해를 통해 역사적 사실을 객관적으로 규명하고 그 의미를 정직하게 서술하는 역사 서술(historiography)의 진가를 이 책에서 또 한 번 확인했기 때문입니다. 제가 발견한 이 책의 가치는 다음과 같습니다.

먼저, 이 책은 일반 독자들에게 이름은 익숙하지만 생애에 대해 상세한 정보는 매우 부족한 두 사람, 즉 이준 열사와 아브라함 카이퍼에 대해 중요한 역사적 사실들을 전해 줍니다. 특히, 이들에 대한 기존의 왜곡된 정보들을 구체적 사료에 근거해서 바로잡고, 그동안 알려지지 않았던 정보를 제공함으로써, 역사적으로 중요한 두 인물에 대해 보다 정확하고 확장된 지식을 전달합니다. 둘째, 이 책을 통해 독자들은 1907년 헤이그 만국 평화회의를 계기로 한국과 네덜란드 두 나라가 긴밀히 접촉·연결되었던 역사에 대해 매우 흥미롭고 소중한 이야기를 들을 수 있습니다. 무엇보다, 이준을 포함한 3인 특사들의 활동이 카이퍼와 그가 주도했던 정당과 신문에 어떤 영향을 끼쳤는지, 이로써 한국과 네덜란드가 어떻게 연결되었는지 직접 확인할 수 있습니다. 셋째, 이 책은 당시 세계적으로 유행하던 사회 진화론에

깊이 영향을 받은 이준과 카이퍼가 한국과 네덜란드에서 어떤 계기를 통해 이런 제국주의적 이념을 극복할 수 있었는지 상세히 서술하고 있습니다. 이런 의식의 변화가 두 사람 안에서 일제의 한국 강점(強占)을 전혀 다른 시각으로 바라보고 행동하게 했다는 점에서, 이 책이 전하는 정보와 메시지는 역사 공부의 소중한 소득입니다.

끝으로, 이 책은 한국과 네덜란드에서 사료들을 새로 발굴하고, 이에 근거하여 선행 연구들을 교정 혹은 재평가하며, 관련된 주요 사건들에 대해 저자의 입장을 명확히 서술함으로써, 저자의 역사학자로서의 탁월한 능력을 유감없이 보여 주었습니다. 그래서 이 책에서 낯선 서술과 해석을 접할 때마다 저자를 신뢰할 수 있었고, 다음 페이지를 기대하며 넘길 수 있었습니다. 한일 관계, 네덜란드, 헤이그 만국 평화 회의, 그리고 이준과 카이퍼에 관심 있는 분들에게 이 책을 적극 추천합니다.

● **배덕만** (기독연구원 느헤미야 역사신학 교수, 『땅에서 하늘을 산 사람들』 저자)

1907년 7월, 만국 평화 회의가 열리고 있는 네덜란드 헤이그의 작은 호텔에서 이준은 죽음을 맞이했습니다. 이 책은 죽음의 원인을 명확하게 밝히고 있지는 않지만, 이준이 죽은 7월 14일 전후의 네덜란드 일간지 『더 스탄다르트』의 기사들을 소개하며 당시의 정황들을 면밀하게 살펴보고 있습니다. 책을 읽고 나서 시대의 무관심이 이준을 죽음으로 내몰았다는 생각이 들었습니다. 만국 평화 회의는 식민 위기 앞에 처한 한 작은 나라의 사정까지 챙기긴 어려웠습니다. 일본의 외교적 방해도 만만치 않았을 것입니다. 이준의 죽음으로 네덜란드 사람들의 관심을 아시아의 작은 한 나라로 모으게 했습니다. 특히 그의 죽음이 개혁주의자이며 정치가인 아브라함 카이퍼에게 강한 인상을 주었다는 사실은 한 사람의 죽음이 살아 있는 자들에게 얼마나 큰 영향을 주는 지를 보여 줍니다.

2023년 7월, 서울 강남의 한 초등교사가 극단적 선택을 한 안타까운 현실 가운데 교사로서 무거운 마음으로 추천서를 쓰고 있습니다. 한 사람의 죽음을 돌아보며, 살아남은 자로 어떤 삶을 살아야 할지 고민해 봅니다. 이 책은 '헤이그 특사'의 죽음과 관련되어 지금껏 우리가 알지 못했던 사실들을 말해 줍니다. 왜곡의 꺼풀을 벗겨 내고 조금 더 진실에 가까와지기를 원하는 분들에게 이 책을 추천합니다.

● **박광제** (소명학교 교사)

왜곡이라면 그나마 다행입니다. 거짓이라면 그래도 다행입니다. 왜곡과 거짓을 넘어 날조, 그러니까 사실과 전혀 다른 조작, 그것도 그들만의 편의적 작위 공작으로 오로지 극소수인 그들의 삶만을 누리기 위해 교육하고 세뇌까지 시킵니다. 자유와 정의까지 팔아 가면서 말입니다. 이것이 바로 현재 직면한 한국의 역사요, 호도된 과거 역사로 현재를 후리는 정치입니다. 이런 식으로 국민 다수의 국민성으로 굳혀 가고 있습니다. "그나마 우리 역사를 알게 하지 않느냐?" 역사 드라마를 두둔하는 자들의 이러한 말은 더 가관입니다. 대중을 위해 재미를 위주로 만드는 드라마는 다소 선정적일 수밖에 없고, 이 역시 날조요, 조작이 아닐 수 없습니다. 권력자는 공작으로 국민을 속이고, 이에 소위 미디어(레거시 언론과 대중 드라마나 영화 등)는 창작이라는 이름을 빌어 이미 속고 사는 국민을 안방에서 또 한번 사실인 양 진실인 양 주입하고 각인시킵니다. 그런 역사 날조의 언론이나 드라마는 사실 없는 게 낫습니다.

그러나 이 글은 엄연한 역사 사실에 근거하여 날조, 공작, 선정적으로 조작된 과거 역사의 일부를 고발하고 있습니다. 그래서 반갑지 않을 수 없습니다. 아니, 반가움을 넘어 눈물이 날 지경입니다. '이런 젊은 작가가 아직 이 나라에 있구나' 하는 마음 때문입니다. 이러한 작가가 있음으로 아직 우리 국민이 살아 있다 위안을 삼습니다. '조악하게 조작 날조된 현실 다수에 편승하지 말라'며 글 쓰는 나를 더 고무·자각하고 도닥입니다.

● **오동명** (작가, 역사 소설 『불멸의 제국』 저자)

아주 흥미진진한 책이 나왔습니다. 네덜란드의 한 신학대학에서 교회사 전공으로 박사 학위 논문을 쓰고 있는 저자는 자신의 연구 대상인 아브라함 카이퍼가 활동했던 시기와 1905년 을사조약 이후 네덜란드 헤이그 특사로 1907년 6월에 파견된 이들의 활동기가 겹친다는 사실을 알게 되었습니다. 17세기에 네덜란드인 얀 판 벨테브레(박연)와 헨드릭 하멜 일행이 한국에 얼마간 정착한 일을 제외하면, 어쩌면 한국과 네덜란드가 의미 있는 상호 조우를 가진 근대의 첫 사건이 헤이그 특사 파견일 것입니다.

저자는 이 파견 기간 전후에 아브라함 카이퍼, 그의 반혁명당, 당의 일간지 『더 스탄다르트』에 실린 한국 관련 기사들을 면밀히 추적합니다. 이를 통해 헤이그 특사들의 방문과 사망, 인터뷰 등을 통해 카이퍼와 관계자들의 관점이 변하는 과정을 극적으로 묘사합니다. 저자의 주장에 따르면, 헤이그 특사 이전에 제국주의적이고 백인 우월주의적인 인종 차별 의식과 친일 입장으로 무장했던 카이퍼와 반혁명당 인사들이 이 만남 이후 한국의 입장에 공감하며 일본의 제국주의 침탈에 반대하는 입장으로 서서히 선회했습니다. 카이퍼는 한국의 보수적인 장로교인들 사이에서 신칼뱅주의에 근거한 '영역 주권론'을 주창한 신학자요 정치가로서 널리 추앙받고 있습니다. 그러나 보수 신학계가 우러르는 많은 다른 인물들과 마찬가지로, 신화적으로 채색되어 성인이자 위인으로만 소비되는 경향도 있는데, 저자는 이에 대하여 일종의 비신화화를 시도합니다.

본서는 아마도 20세기 초 카이퍼와 그의 칼뱅주의 정치 진영을 신학이 아니라 '역사학'의 방법론으로 접근하는 첫 연구 문헌일 것입니다. 아울러,

카이퍼와 그 지지자들이 망국의 위기에 처한 한국인들과 만나는 장면을 그려 내는 저자의 필치를 따라가다 보면, 그저 과거의 먼 이상향처럼 뇌리에 그려진 네덜란드 개혁파 정치 현장이 우리 역사와 어떻게 공명하며 되살아나는지를 생생하게 경험하게 될 것입니다.

● **이재근** (광신대학교 신학과 교회사 교수)

이 책은 종합 선물 세트라 할 수 있겠습니다. 저자는 이 책으로 역사를 다루고자 하지만, 사실 역사, 철학, 정치, 신학을 아우르는 작업을 펼치고 있습니다. 그러면서도 책은 그렇게 어렵지 않습니다. 낯설 수 있는 두 사람에 대한 이야기를 너무 길지 않은 호흡으로 펼쳐 내고 있습니다. 쉬우면서도 중요한 지점은 반드시 짚고 넘어가는 방식으로 이야기를 이어 나갑니다. 해석자의 관점이 철저히 배제된 역사 서술이란 있을 수 없다는 점을 인지하며, 저자는 자신의 해석와 평가를 솔직하게 가감 없이 드러냅니다. 독자에게 특정 관점을 강요하지 않으면서, 과거에 속한 인물과 사건을 어떻게 더 입체적으로 볼 수 있는지 제시해 줍니다.

이 책은 종합 선물 세트라 할 수 있겠습니다. 저자는 역사, 철학, 정치, 신학을 아우르는 작업을 펼치고 있습니다. 이 책은 이준과 카이퍼라는 흔히 미화되는 두 인물이 실제로 어떠했는지를 밝히면서도, 그들을 지나치게 비난하지 않는 균형 감각을 보여 주고 있습니다. 두 인물에 대해 궁금한 사람은 물론이고, 20세기 세계 정세를 알고 싶은 사람에게까지 추천하고 싶은 책입니다.

● **하늘샘** (목사, 미국 칼빈신학교 박사 과정)

저자 서문

본서는 필자의 이준에 대한 개인적인 관심에서 시작되었다. 이기항, 송창주 선생께서 관장으로 계시는 헤이그의 '이준 평화 박물관'에서 이준 열사(1859-1907)의 행적을 보고 가슴이 뜨거워졌고, 한국인으로서 많은 자부심을 가지게 되었다. 그는 필자에게 있어 영웅이었고, 한 명의 진정한 애국자였으며, 희생의 아이콘이었다.

필자는 박사 학위 연구 주제인 네덜란드의 내각 총리 아브라함 카이퍼(Abraham Kuyper, 1837-1920)의 활동 시기가 이준 열사와 겹친다는 것을 발견하고서 연구에 흥미를 느꼈다. 카이퍼가 한국에 대해 어떤 인식을 가지고 있었는지, 과연 이준 열사의 방문에 관하여 알고 있었는지 자연스레 의문을 가지게 되었다. 이러한 질문들이 본서의 집필로 이어지게 되었다.

필자는 개인적으로 두 역사가에게서 깊은 영향을 받았다. 한 명은 '주체적 수용사관'을 주창하신 故 박정신 교수다. 박 교수님은 생전 역사학 개론 수업에서 재미있는 이야기를 많이 해 주셨다. 특히 서구 중심주의와 학벌 계급주의를 경계해야 한다고 끊임없이 가르쳐 주셨다. 한국 역사를 이해함에 있어 한국 민중들이 주체적으로 개혁을 꿈꾸며 서구 문물을 받아들였다는 지배적인 선교 사관, 민족주의 사관과는 다른 사관을 설파하셨다.

다른 한 명은 네덜란드의 조지 하링크(George Harinck, 위트레흐트 신학대학교 총장) 교수다. 그가 강조하는 것은 사관에 사로잡히지 않는 역사 서술이다. 하링크 교수는 특정 역사관에 사로잡히는 것에 대해 경계하며 역사적인 사료들을 편견 없이 접하되, 보다 논리적인 주장을 펼칠 수 있도록 지금도 필자를 연단시켜 주고 있다.

하링크 교수는 "역사가란, 역사학이라는 분야에 부름을 받은 하나님의 소명자"이기에, 역사의 신이 된 것처럼 모든 것을 다 아는 태도로 접근하기보다는 겸손하게 그 분야에 조금이나마 기여를 하는 태도가 중요하다는 것을 일러 주셨다. 필자는 현재 네덜란드 근현대 개신교 연구에서 독보적인 위치를 차지하고 있는 조지 하링크 교수로부터 겸손함과 소명 의식을 가랑비에 옷 젖듯 배워 가고 있다.

그래서 이 글은 전통적인 역사적 접근 방식이라 할 수 있는 "어떤 사관으로 현상을 이해하는 것이 더 적절한가?"라는 질문에서 벗어나, "과연 필자가 바라본 이준과 아브라함 카이퍼는 어떤 사람인가?"에 대한 개인적인 소신에 기반한 이야기라 할 수 있다. 부디 역사학계에서도 이와 관련된 활발한 토론이 일어나 필자의 미력한 주장을 비판적으로 살펴주시길 바란다.

5년째 박사 과정생으로 이런 자유로운 연구를 할 수 있는 배경에는 필자를 후원해 주시는 많은 후원자들이 있다. 먼저 필자의 양가 부모님께서는 적지 않은 후원과 원고에 대한 날카로운 피드백을 주는 데 가장 중요한 역할을 하고 계신다. 둘째로 필자의 유학을 추천해 주시고 끊임없이 도움을 건네주고 있는 CSRC 연구소(소장 최승락 교수, 이사장 최광휴 변호사)는 귀국 때마다 변함없는 지지와 후원을 아끼지 않고 계시기에 감사를 표하며, 또한 필자의 유학을 추천해 주신 숭실대학교 기독교학과 권연경 교수께도 감사를 표한다. 국내 외국인 선교를 위해 애를 쓰고 계신 시티센터교회(신치헌 목사)도 유학 초기부터 필자를 후원하고 계시기에 감사의 말씀을 드린다. 셋째로 필자의 개인 후원자인 오창희 김정은 부부(필자의 누이), 후원자이신 노성채 이설아 부부 선교사, 이서희 씨, 이수철 씨, 임세은 씨, 이하늘 목사(합동), 송태화 목사(감리회), 박광제 선생(소명학교), 정지훈 강도사(고신), 김인수 목사(고신), 강욱빈 목사(고신), 정진원 박사(Harvard Univ.), 문정욱 박사 후보(KAIST), 양지운 목사(합동), 백두현 PD 및 감독(인간극장, KBS 다큐공감 등 연출), 정성희 작가(『우리가 기억하니까 괜찮아』), 조현욱 개발자, 라세원 씨, 박나희 씨, 안세희 씨, 이선민 씨의 끊임없는 지원은 모든 연구의 근본적인 동력이라 할 수 있다. 진심으로 감사를 표한다.

네덜란드에서 필자에게 한글을 배우며 간접적으로 재정적 도움을 주고 있는 이임 씨, 릴라 팝 씨, 마농 씨, 로즈 씨, 한유근 씨 등 스월레 한글교실 학생들에게도 감사를 전한다. 유학 동기이자 항상 필자보다 한 발짝 앞서 좋은 모델이 되어 주며, 어려울 때 가장 든든한 힘이 되어 주는 귀도 드 브레 연구가 강병훈 목사와 유숙영 사모, 필자에게 많은 위로와 사랑을 건네준 지혜서 연구가 서정훈 목사와 김유정 사모에게도 심심한 감사를 표하는 바이며, 나의 '찐친' 티네커 메이어에게도 감사를 전하고, 구하기 어려운 자료를 찾아주고 이 책을 읽고서 귀한 피드백을 해 준 이수복, 유민서 전도사 부부에게도 감사를 표한다.

이제는 중견 출판사로 발전해 가고 있는 세움북스 강인구 대표에게도 큰 감사의 마음을 전한다. 무명 저자와 3권의 책을 계약해 주시고서 큰 격려와 지지를 보내 주고 계시는데, 부디 본서가 출판사 운영에 조금이나마 도움이 되었으면 한다. 더불어 교정 교열로 많은 수고를 감당한 류성민 대리에게도 미안함과 감사함을 표하며, 부족한 필자의 글에도 기꺼이 추천사를 보내 주신 오동명 작가, 이재근, 배덕만 교수, 박광제 선생, 하늘샘 목사에게도 감사를 드린다.

마지막으로, 얼굴이 너무 많이 닮아 네덜란드 현지에서 쌍둥이로 불리는 장난꾸러기 두 아들 김노아 김건아에게 아버지의 깊은 사랑을 표하고, 태중에 셋째를 잉태하고도 남편의 연구와 집필에 격려와 지지를 아끼지 않으며 무한한 희생의 거름을 뿌려 주고 있는 사랑하는 아내 김성은에게 이 책을 바친다.

네덜란드로 향하는 벨기에의 R4 고속도로에서,
아내가 운전하는 스코다 옥타비아 조수석에 앉아 …
2023년 6월 30일 김정기

목차

1부 이준 열사의 인생

2부 아브라함 카이퍼와 그의 정당 '반혁명당'

3부 더 스탄다르트지에 보도된 이준과 한국

1부

이준 열사의 인생

들어가며: 고정관념을 내려놓고

이준은 헤이그(The Hague)에서 죽었다. 그간의 논란거리는 '이준이 왜 죽었는가?'에 있었다. '그가 자결했는가? 병사했는가? 아니면 이유를 특정하기 어려운 죽음이었는가?'에 관심이 집중되었다. 그런데 '이준의 죽음에는 어떤 의미가 있는가?'에 대한 연구는 그리 많이 진행되어 온 것 같지 않다.

이준은 네덜란드에서 죽었다. 네덜란드는 헤이그 제2차 만국 평화 회의가 열린 1907년 국제 외교 무대의 중심지였다. 이준은 기독교인이었고 당시 대한 제국의 외교관이었다. 그는 한국 대표로 헤이그에 갔다가 명확한 원인을 알 수 없는 죽음을 맞이했다.

필자는 이번 책에서 그의 사망의 원인에 관한 이야기는 하지 않을 것이다. 필자는 이준의 인생 전반에 대해 이야기를 나누어 보고자 한다. 이준은 과도하게 우상화되어 있고 영웅시되어 있는 측면이 없지 않아 있다. 헤이그에서 국권이 약했던 한국을 대표하여 국제 사회에 당당히 을사조약의 무효를 외쳤기에, 그런 찬사들은 충분히 이해가 가는 바이다. 하지만 안타깝게도 지금껏 이준의 우상화를 경계했던 사람의 이야기는 철저히 무시되어 왔다. 그 사람은 단 한 사람, 이준의 두 번째 부인 이일정 여사(1876-1935)다. 이일정 여사는 기존 역사가들이 주장해 왔던 신화화되고 우상화된 이준의 그림과는 전혀 다른 그림을 제시했다.

흔히 사람들은 과거에 쌓았던 화려한 '스펙(spec)'이 다른 이들의 마음을 움직일 수 있다고 생각한다. 정말 그러할까? 필자는 항상 그렇지만은 않다고 생각한다. '스펙'에 관심이 있는 사람들은 주로 '스펙'으로 먹고 사는 소수 엘리트 집단의 구성원들이기 때문이다. 소위 끝내주는 '스펙'을 가지지 않은 대다수의 사람들은 한 사람의 인생의 쓰디쓴 실패와 그 실패를 극복해 온 과정의 드라마를 통해 감동받는다. 얼룩과 오점이 묻어 있는 진짜배기 삶의 이야기는 실패와 좌절의 경험이 있는 사람에게 일어날 힘을 제공해 준다. 반면 일생을 흠 없이 살아온 완벽한 사람의 이야기는 감동과 큰 교훈보다 '숭배'를 불러 일으킬 때가 많다.

필자는 한국의 전통적인 엘리트 집단과는 거리를 두고 살아온 사람이다. (물론 필자는 자부심을 가지지만) 사회적으로는 힘을 발휘할 수 없는 '숭실대학교'를 졸업하고서, 유럽 네덜란드의 작은 연구 중심 대학교인 위트레흐트 신학대학교(구 캄펀 신학대학교)에서 박사 학위 논문을 쓰고 있다. 인생에서 엘리트로서의 전형적인 성공 가도와는 거리가 먼 '테크트리(Tech Tree)'[4]를 쌓아 온 사람이다.

그러하기에 필자는 본서에 기존의 시각과 전혀 다른 이준의 인생 이야기를 담을 수 있다고 생각했다. 그래서 되도록 정확한 사료와 참고 자료

4 실시간 전략 게임(ex. 스타크레프트)에서 다음 레벨로 올라가기 위해 습득한 기술이나 경험을 칭하는 용어

를 의지해 이준에 대한 역사적인 사실을 제시하고 해석해 보고자 했다. 따라서 독자들에게 이준의 인생에 대한 나름의 견해나 고정관념을 잠시 내려놓고 이 책을 읽어 주길 부탁드린다.

네덜란드 현지에서 이준에 대한 부족한 자료를 가지고 이 책을 집필하는 과정 가운데 역사가 최기영 선생과 이덕주 선생에게서 많은 빚을 졌다고 밝히는 바이다. 최기영 선생은 이준의 족보와 같이 이준과 관련된 접근이 도무지 불가해 보이는 자료들을 가지고서 근거가 분명한 이준의 어린 삶에 대한 자료를 만들어 주었고, 이덕주 선생은 헤이그 특사 파견의 중추적인 역할을 했던 전덕기 목사에 대한 연구를 통해 그의 삶을 방대하게 소개했다.

부디 본서를 통해, 신화화되고 우상화되었던 이준의 위치가 제자리를 찾길 소망해 본다. 너무도 훌륭한 인생을 살았던 '영웅 이준'보다는, 인생의 주요 순간마다 잘못된 선택들을 했고 우리와 별반 다를 것 없이 살다가, 생에 몇 년을 남기지 않고서 극적인 선택을 했던 '번뇌의 사람 이준'의 모습이 기억되길 바라는 바이다.

참고한 문헌들

이준의 전기로는 이준의 사위 유자후 선생의 『해아밀사』(1948)가 있고, 이후 이선준 선생이 『일성 이준열사』(1973)라는 책을 저술했다.[5] 이 두 책은 이야기 형식으로 작성되었는데, 어떤 부분이 각색이고 어떤 부분이 역사적 사실인지 구분되어 있지 않다. 이준을 연구하는 학계에서도 두 저작에 대해 사료로서 신뢰성의 의구심을 반복적으로 제기한다. 이들은 아주 유려하게 이준의 삶에 대해 이야기를 전개하지만, 이야기를 어떻게 접했는지에 대해서는 기술되어 있지 않다. 이준의 사위인 유자후가 "내가 직접 그 이야기를 들었다."라는 언급 한마디만 있었다면 이야기는 달라질 수 있었다. 하지만 어디가 상상이고 어디가 진실인지 아무런 언급이 없다. 그래서 이 두 책을 역사적 자료로 사용하는 것은 쉽지가 않다.

또한 참조가 어려운 근래의 책이 있다. 그 책은 일성이준열사기념사업회(이하 이준사업회)가 엮었다고 하는 『이준 열사, 그 멀고 외로운 여정:

5 해방 이후에 납북된 유자후의 『해아밀사』는 독립기념관 자료 아카이브에 공개가 되어 있고, 이선준의 저작은 절판되었지만 중고서점 등에서 간간히 거래가 되고 있다. 필자는 어렵게 두 책을 구해 참조해 보려 했지만, 주장에 대한 역사적 근거가 제시되지 않아 사용할 수가 없었다. 어떤 것이 역사적인 사실인지 어떤 것이 추정과 창작인지 구분이 불가하다.

검사의 길, 특사의 길, 국민 계몽의 길』(2010)이다. 이 책은 역사적 사실에 근거했다기보다 이준 열사를 숭앙하는 마음이 과도하게 앞서 '이준의 협성회 및 독립협회 설립설' 등의 근거가 없는 많은 이야기를 제시하고 있다.

이만열도 2009년 YMCA 시민 강좌에서 "한국 역사 속에 살아 있는 그리스도인"이라는 제목으로 이준에 대한 상당히 긴 분량의 연구를 발표했다. 하지만 유자후와 이선준의 자료를 상당수 사용해 글을 발표했기에, 신뢰성의 문제를 제기하지 않을 수 없다. 따라서 필자는 위 자료들의 사용을 되도록 피하고자 했다.

이준 연구에 가장 신뢰할 만한 자료는 최기영에게서 나온다. 최기영은 이준 연구에 있어 역사적인 근거에 의거해, 2007년 이준에 대한 의미 있는 논문을 발표했다. A4 45쪽의 소책자 수준의 연구물이지만, 상당히 신뢰할 만한 자료들을 사용했다. 논문의 제목은 "한말 이준의 정치 계몽 활동과 민족 운동"이다.

또한 최기영이 편집한 『헤이그 특사 100주년 기념 자료집』 1, 2권의 자료 중 이준의 두 번째 아내 이일정 여사의 이준 열사 회고 인터뷰는 아주 신뢰할 만한 증언으로 사료된다. 그녀는 기존 유자후나 이선준의 이준 연구서와는 상반되는 이야기들을 전하고 있다. 그녀가 56세의 나이에 병상에서 했던 인터뷰이지만, 이 인터뷰는 신뢰가 가능하다고 판단한다. 그녀는 이화학당을 졸업하고, 신문사에 글을 투고하며, 러시아 하얼빈 일대를 뒤지며 남편의 시신을 찾았던 명석하고 적극적인 여인이었다. 남성 중심적이었던 시대에서는 발견할 수 없었던 사료적 가치를 오늘날 우리는 발견할 수 있다.

한국 고신문 『아카이브』에서의 이준에 대한 기사들도 좋은 자료로 사용되었다. 이준에 대한 기록은 그가 본격적인 국내 활동을 하는 1904년부터 1907년 사이(3년)에 집중적으로 몰려 있다. 누구나 '이준' 혹은 이준의 이전 이름 '이선재'로 검색을 하며 이준의 행적을 어느 정도 파악해 볼 수 있다. 유의해야 할 것은 '이선재'라는 동명이인의 정부 고위 관료가 있다는 점이다. 이준의 초기 인생과 활동에 대해서는 『독립신문』에서 추적해 볼 수가 있고, 이후에는 『황성신문』에서 이준의 이름을 발견할 수 있다.

이기항, 송창주의 공저 『아! 이준 열사』(2008)는 역사가에 의해 작성된 글이 아니라는 한계가 있기는 하지만, 네덜란드 헤이그에서 이준 열사 박물관을 유지하며 많은 자료를 실제 가지고 있는 이준의 아카이브 관리자들의 글이라는 데에 의미가 있다. 그러나 필자의 본서는 이준의 출국 전 행적과 사망 이후 네덜란드 반혁명당과의 관계에 대해 주로 다루고 있는 책이기에, 많은 부분을 참조하지는 않았다. 이준 열사의 헤이그 행적에 관하여 관심이 있는 분들이 이 책을 활용하면 좋은 정보들을 얻을 수 있을 것이라고 생각한다.

이준의 어린 시절과 그의 아내 이일정

이준은 북청 물장수로 유명한 함경도 북청군에서 어릴 적 아주 가난하고 어려운 형편에서 자랐다. 그는 차디찬 겨울, 음력 12월 18일에 태어났다. 북청은 물로 유명하기도 했지만, 교육으로 더 유명한 곳이었다. 부모들이 물을 팔아 자녀 교육을 시켰다고 하여 북청 물장수가 유명했다고 한다.[6] 그러나 이준은 유년을 불행하게 지냈다. 부모님 두 분 모두 어릴 적 돌아가셨기 때문이다.

이준의 유년기에 관한 이야기는 신화화가 많이 되어 있다. 『이준 열사, 그 멀고 외로운 여정』은 근거를 제공하지 않고서 다음과 같은 주장을 펼친다. "이준은 대원군을 만나게 되었고, 대원군과 함께 시국을 논하면서 나라의 앞날에 대해 깊은 우려를 표명하는 대화를 나누었다. 이때 대원군은 비록 어린 사람이지만 시국을 꿰뚫어 보는 비상한 형안과 사물을 예리하게 판단하는 통찰력, 그리고 그의 인물 됨에 탄복한다."[7] 사단법인 이준 아카데미의 『아! 이준 열사』에서도 근거 없이 "그의 상상력과 문장력은

6 고태우, "북한 신풍물기: 함경남도4; 이준열사 고향 북청(北靑)과 광산지대 단천(端川)", 『통일한국』 제77집 (1990), 110-13.
7 일성이준열사기념사업회, 『이준 열사, 그 멀고 외로운 여정』 (서울: 한비미디어, 2010), 23.

이미 소년의 수준을 넘어서, 유교의 대의충절 사상으로 인격의 틀을 잡아 가고 있었다."[8]라고 하는 지나친 찬사를 보냈다.

이준이 신화화된 이유는 여러가지로 추측해 볼 수 있는데, 기본적으로 이준에 대한 지나친 사랑을 가진 이들이 이준을 객관적으로 보기보다는 엄청난 위인으로 여겨, 소위 평전적인 '전기'가 아닌 위인전을 쓰려고 했기 때문이다. 이는 한 인물의 일생을 진지하게 생각하게 하는 데 큰 도움을 주지 않는다. 그리고 역사적 글 읽기의 맛이라 할 수 있는 인물의 역동적인 변화를 지켜보는 맛을 빼앗아 간다. 사람의 생각과 행동은 변할 수 있기에, 우리는 한 사람이 소중하게 살아왔던 인생에 대해 조심스럽게 평가해 볼 필요가 있다.

우리가 존경하기 마지 않는 윤동주(1917-1945)를 생각해 보자. 윤동주는 일본 유학 중에 이름을 일본식으로 바꾸었다. 그리고 거기에서 고뇌에 찬 시들을 적었으며, 무엇이 진정 옳은 길인지에 대해 끊임없는 번뇌에 시달렸다. 우리가 일본에 유학을 떠나 일본에서 사망한 윤동주에게 "변절한 친일파"라고 쉽사리 이야기하지 못하는 이유도 여기에 있다. 우리는 이야기이든 영화이든 그의 인생 전반을 바라볼 수 있는 기회를 얻었기 때문이다.

한 인간을 비판적으로 바라보는 것은 역사 쓰기에서 아주 중요한 지점이라 할 수 있는데, 이준의 경우 '아내'가 그 역할을 잘해 주었다. 그의 아내는 아주 특별했고, 그녀의 증언은 신빙성을 둘 만하다. 이준의 아내는 글 쓰는 것을 좋아하여 신문사에 투고도 몇 차례 했다. 공적으로 이야기

8 이기항, 『아! 이준 열사』 (서울: 공옥출판사, 2008), 27.

하는 것도 좋아해 이준이 1905년 이후 일제에 체포되었을 때 대중 앞에서 연설을 하기도 했다. 그녀는 타인을 평가하기보다는 본인의 믿음을 주장할 줄 알았다. 1920년대 이후 '신여성'의 바람이 불고, 자신도 부인상점을 서울 한복판에 열어 언론의 주목을 받으며 신여성의 상징처럼 평가를 받기도 했다. 그러나 그녀는 담담하게 자신이 전통적인 여성의 역할에 대해 중요하게 생각한다는 인터뷰를 하기도 했다.[9] 우리는 공적인 언행에 경험이 있는 그녀의 말을 귀담아들을 필요가 있다.

이준의 아내는 신문을 아주 사랑하는 여인이었다. 자신의 사망 3년 전 『동아일보』와의 인터뷰를 통해 이준에 대한 기억을 상당히 상세하게 기록으로 남겨 두었다. 이 기록은 최기영이 편집한 『헤이그 특사 100주년 기념 자료집』에 실려 있다. 앞에서 언급했던 이준에 대한 글을 작성한 모든 역사가들은 이일정의 기록을 참조하지 않았다. 필자는 이 부분을 이해하기 어려웠다. 이일정이 했던 주장 중에서 이준 연구가들에게 가장 치명적인 타격을 줄 법한 말은 상동대감 김재성이 자신과 이준을 연결시켜 주었다는 사실 확인이었다. 이준 연구가들은 이준과 당시 내각 총리를 지낸 김병시가 이일정을 소개했다고 이야기한다. 김병시는 이준 신화화의 가장 중요한 땔깜이었다. 그러나 정작 이준과 결혼한 본인은 그런 사실이 없다고 했다.

필자는 결혼 5년 차이지만, 누가 필자와 아내 사이에 오작교를 놓아 주었는지 한 번도 헷갈려 본 적이 없다. 선풍기가 돌아가는 천안의 병천순대국 식당에서 순댓국을 먹으며, 주선자 김성래 목사가 자신의 아내와 딸

---

9 최기영 편, 『헤이그특사 100주년 기념자료집 1』(천안: 독립기념관, 2007), 279-280.

을 데려와 딸에게 국물에 밥을 말아 준 장면까지도 생생히 기억을 하고 있다. 그런데 이일정이 자신과 이준을 이어 준 사람을 헷갈릴 수 있을까? 그럴 가능성은 없다고 본다.

다시 이준의 이야기로 돌아가 보자. 우리에게 알려진 어린 이준은 '수재'의 이미지이다. 기존 역사가들이 그린 사실과는 거리가 먼 이준의 이미지는 다음과 같다.[10]

1) 어릴 적 부모를 여의었지만, 한시를 잘 써 명성이 높았다.

2) 유교로 인생의 기틀을 닦은 남자라고 평가를 받기도 한다.

3) 자신의 조부 아래서 학문을 수양하고, 큰 꿈을 꾸는 사람이 된다.

4) 어린 마음에 큰 포부를 가지고 무려 흥선 대원군을 찾아간다.

5) 흥선 대원군은 감탄한 나머지 이준에게 영의정까지 올랐던 김병시 대감을 소개시켜 준다. (김병시는 오늘날로 따지면 '합리적 보수'로 존경을 받는 사람이었고, 그는 영의정을 지냈으며 내각 총리까지 했을 정도로 존경받는 인물이었다.)

6) 김병시 대감은 이준을 법관 양성소에서 공부하도록 권유했고, 이준은 법관 양성소를 졸업해 최초의 검사가 된다.

그러나 이런 이야기를 뒷받침할 확실한 근거를 찾기란 어렵다. 사실로 받아들이기 어렵다는 말이다.[11] 이런 말이 쉽게 이해가 안 되는 이유를

---

10 유자후, 박선준, 일성이준열사기념사업회가 발간한 서적들의 이준의 유년기 기록을 종합해 보면 아래와 같다.

11 심지어 검찰청의 기록에 따르면, 이준이 대원군을 접견하고서 대원군이 이준에게 김병시를 소개해 주었다고 하지만, 왕들의 일거수일투족을 일간으로 기록하는 조선왕조실록에는 이준의 옛 이름이었던 '이선재'나 '이성재'가 대원군과 관련하여 등장하지 않는다. 이준이 인상 깊은

차차 발견할 것이다.

이일정은 다소 다르게 이준을 소개한다. 우선 이일정은 이준을 "별 볼 일 없지만 나랏일만 걱정하는 사람"이라고 규정한다. 이일정이 바라보는 이준은 이러했다. 이준은 이미 11세가 되던 해에 초혼을 했다. 소위 말하는 '어린 서방'이었다. 그는 첫 번째 아내에게서 낳은 아들도 하나 있었는데, 그 아이의 존재를 까맣게 잊고 살아갈 만큼 그리 책임감 있는 아버지가 아니었다.

그는 17세의 나이에 서울로 상경하여 승동 대감이라 불리는 김재성 대감 집에 가서 살다가 10여 년 후 이일정을 소개받는다. 승동 대감에 대한 자료는 어디에도 없지만, 『황성신문』 1946년 7월 14일 보도에 따르면, 이준이 처음 갔던 곳은 '해산물 도매상'의 집이었다. 해산물 도매상은 그리 유력한 사람도 아니었다. 오늘날로 따지면 노량진 수산물 시장에 크게 도매업을 하는 한 덕망 있는 사람을 말하는 것인데, 이 사람이 승동 대감과 이준을 연결해 준 것이다.

이일정은 이준이 소위 말하는 '듣보잡' 북청 출신이었고, 심지어 그와 결혼하게 되어 근심이 아주 많았다고 후술했다. 서울 정동에서 학교를 보낸 서울 출신 이일정에게 '북청'은 그저 물장수의 도시에 불과했다. 다른 역사가가 이야기하듯 이일정에게 있어 이준이 영의정 출신 김병시 대감과 같이 살았던 사람이었고, 이미 10년 이상 그곳에 산 이후 이준을 소개받았다면 이일정의 반응은 아마도 이렇지 않았을 것이다. 만일 2023년 현재 총리인 한덕수 씨가 어떤 결혼 적령기의 30세 여인에게 누군가를

이야기를 했다면 분명 그 이야기가 빠져 있을 수 없다.

소개해 주었다면, 그 소개 자체가 잊히지 않는 보증이 될 것이다.

이일정이 그리는 이준의 서울 상경에 관한 이야기도 그가 박력 있게 흥선 대원군을 찾아가 자신의 거대한 꿈을 이야기했다고 하는 것과는 매우 다르다. 이일정은, 이준이 서울에 갈 수 있었던 것은 소위 '배달 사고'로 만든 자금 덕분이라고 이야기한다. 17세에 이웃이 장에 나가 '무명'(섬유 재료)을 사 달라고 부탁받은 돈으로 심부름을 하지 않고 서울로 걸어갔다는 것이다.

> 열일곱 살 나던 해에 그는 큰 뜻을 품고 서울로 올라왔는데, 북청서 여기까지 걸어왔답니다. 이웃집 여편네가 장에 가서 무명 몇 자 끊어다 달라고 주는 돈 팔십 전을 노자 삼아 오는데, 이를 테면 얻어먹어 가며 왔답니다. 그래서 서울까지 오는 데 보름이 걸렸답니다.[12]

17세의 청소년인 이준은 먹을 것을 얻어먹으며 겨우 끼니를 해결해 가면서 꼬박 15일을 걸었다. 서울로 가고 싶은 마음이 있었지만 아무도 그의 여행을 후원해 주지 않았기 때문이다. 서울로 올라가는 길은 몹시도 험했다. 서울에 도착한 이준은 김재성이라는 승동 대감의 사랑에서 살았다. 북청에서 서울로 걸어올 만큼 그는 뚝심과 비범함이 있기는 했으나, 그 비범함의 정도가 흥선 대원군을 찾아가 이야기를 나눌 정도는 아니었다는 것이다.

---

12 최기영 편, 『헤이그특사 100주년 기념자료집 1』, 279.

"서울 와서는 승동 대감 김재성 댁 사랑에 있었는데, 사람이 비범함으로 대감의 사랑을 많이 받았고, 또 그 대감의 주선으로 나도 그이에게 시집을 가게 되었지요."[13]

이일정을 이준에게 소개시켜 준 사람은 승동 대감이다.[14] 대다수의 이준 연구가들의 기록과는 달리 이일정의 기록에는 "김병시"라는 이름이 전혀 등장하지 않는다.

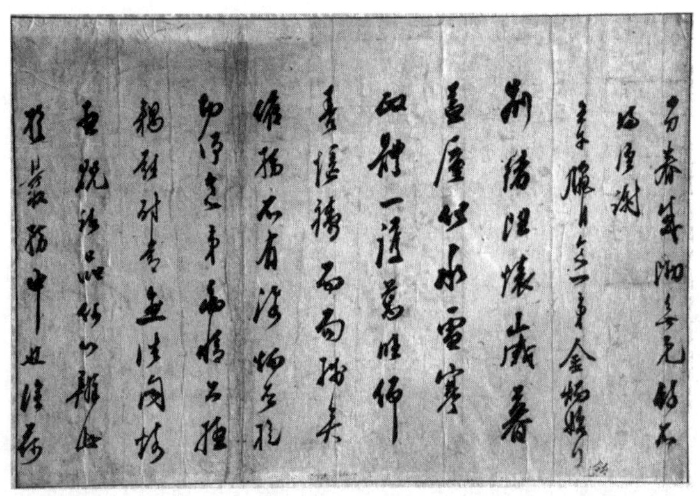

〈김병시 필적〉 출처: 한국민족문화 대백과

13 위의 책, 279.

14 김병시가 이일정을 이준에게 소개해 주었다는 말은 이해하기에 다소 어려운 점이 있다. 김병시-이준 커넥션(connection)을 강조하는 학자들은 줄곧 이준의 유학자적인 강점을 소개하는 반면, 이준 연구자들 대부분이 주장하는 바와 같이 단발령을 거두어 달라고 상소했던 고위 관료 김병시가 이준과 이화학당을 졸업한 이일정을 이어 주었다는 것은 그리 자연스러운 이야기가 아니다. 김병시가 이일정에 대해 긍정적인 평가를 내렸을 이유가 없다. 게다가 이일정은 자신과 이준을 이어 준 사람이 김재성이라는 점을 밝히면서 이준이 영의정이었던 김병시의 집에 머물렀다고 이야기하지 않고 김재성의 사랑에 머물러 왔다고 진술했다. 위의 책, 279.

'후쿠자와'라는 괴물

이준은 김재성의 사랑에 머무르며 공부하다가, 상경한 지 9년이 지난 26세 때 향시에 합격했다. 하지만 과거(科擧) 시험을 치르지 않아 벼슬에 오르지는 못했다. 향시는 각 도에서 여는 1차 사시험인데, 이를 통과한 사람은 본시험에 임할 수 있었다. 이준이 태어나고 자란 함경도에서는 남·북으로 나누어 시험을 보았다. 이준은 시험을 보고 나서 9년 뒤 35세에 이일정과 결혼을 하게 되었는데, 결혼한 이듬해 함흥에서 뜻밖의 관직을 맡게 된다. 당시 조선은 나름대로 공정한 인사 시스템인 '과거 제도'를 가지고 있어 과거 시험을 보지 않으면 관직에 오를 수 없었다. 하지만 이준은 함흥에서 관직에 올랐다. 학자들은 장박, 김학우 등의 함경도 출신 개화파 고위 인사가 소위 '낙하산' 인사를 했다고 보고 있

〈이준과 같은 격랑의 시기를 보냈던 고종〉
출처: Hamilton, *Korea*, 60

다. 장박과 김학우는 법률가였다.[15] 장박은 법무부 고위 공무원인 '법부대신'을 맡기도 했다.

이 개화파들에 대해서도 약간의 설명을 할 필요가 있다. 개화파는 조선이 문을 열고 신식 문물을 받아들여야 한다는 주장을 한 사람들로서, 1884년 12월 4일에 일어났던 갑신정변, 그리고 1895년 7월 6일에 있었던 갑오개혁의 주인공들이다. 갑신정변은 박영효, 서재필, 김옥균과 같은 사람들이 고종의 후원으로 인해 영향력을 확대한 이후 청나라의 영향에서 벗어나고자 무장하여 기존 고위 관료들을 죽이는 방식으로 실행된 하나의 잔인한 사건이었다. 이들의 잔인한 정변은 청나라의 개입으로 다시 잔인하게 막을 내렸다. 개화파의 일원이었던 서재필의 가족이 모두 처참하게 살해당했다.

갑오개혁은 1894년 개화파가 군국기무처라는 기관을 만들어 동학 농민 전쟁에서 요구했던 차별적 신문제 폐지 등의 개혁 운동을 뜻한다. 유길준, 김학우 등이 갑오개혁의 주역이었다. 갑오개혁 역시 이성적 토론과 설득 등의 정상적인 방식의 개혁은 아니었다. 이들은 일본의 군사력을 바탕으로 개혁 정책을 추진해 나갔다. 일본은 갑오개혁을 통해 군국기무처라는 기관을 설립하고 내정 간섭을 시작했다. 한반도의 이권에 침을 흘리던 다른 열강(列強)들은 일본의 영향력이 한반도에 커지는 것에 대해 많은 우려를 나타냈다. 힘을 보여 주며 조선의 점유권을 알게 해 주고자 했던 일본 미우라 공사는 자객들 수십 명을 동원해 고종의 아내 명성황후를 잔혹하게 살해했다.

---

15 「한국민족문화대백과사전」에는 이들에 대한 꽤나 정확한 정보가 나온다.

〈미우라 공사〉 출처: 近世名士写真 其2

〈고종〉 출처: Museum of Fine Arts, Boston, Percival Lowell 작

이 두 개혁의 주축이 된 개화파 사람들은 공통적으로 자유주의적 사회 진화론을 신봉하고 있었다. '자유주의적'이라는 것은 인간의 자유로운 사고를 옥죄고 있는 종교와 관습 그리고 전통 등에서 벗어나 이성적이고 과학적인 사고를 추구함을 뜻한다. 즉 이 사람들의 입장에서 조선의 발전을 막는 것은 자유로운 사고를 제한하는 유교적 질서와 전통적인 삶의 모습이었다.

'사회 진화론'이란, 사회마다 진화의 속도가 다르며 우열이 존재한다고 믿는 학설이다. 예컨대 오늘날 소위 한류 문화와 타 아시아의 문화를 비교하며 우월감을 느끼는 그런 것들도, 대한민국 사회의 우월성을 확인하는 사회 진화론적인 생각이다. 쉽게 이야기해서 GDP 순위를 가지고 국가 간의 경쟁력을 측정하는 것도 사회 진화론적인 생각의 한 부분이라고 할 수 있다. 이 사상의 문제점은 추구해야 할 이상을 '진화한 사회'로 두어 기존에 우리가 가지고 있는 좋은 것들을 중요하게 생각하지 못하도록 만든다는 점이다. 따라서 나보다 더 각종 지표상 순위가 높은 사회에 대해서는 머리를 조아리지만, 순위가 낮은 사회에 대해서는 무자비한 태도를 보이기도 한다. 경제력 혹은 군사력 순위 자체가 도덕이 되는 것이다.

즉 자유주의적 사회 진화론은 이성적이고 과학적인 사고를 하는 사회가 더 우월한 사회이고, 그 우월한 사회가 되기 위해 힘과 노력을 기울여야 한다고 믿는 사상이다. 이 사람들은 "미국 및 서구 유럽 → 일본 → 청나라 → 조선"이라는 사회 및 인종적 순위를 매기고 있었고, 청을 극복하고 일본처럼 서구 유럽에 근접한 발전을 이뤄 내야 한다고 믿고 있었다.

이런 발전을 위해서는 사람들이 많이 죽어도 큰 문제가 되지 않았다.

따라서 이들은 점점 세계 정세에서 뒤쳐져 가는 청나라를 존중하는 일에 신물이 났고, 일본에는 호의적인 태도를 가지고 있었다. 일본도 자신들을 숭상하고 자신들의 힘을 기꺼이 빌리기를 원하는 개화파들이 반가웠다. 일본은 여러 면에서 당시 조선보다는 많은 발전이 있었기에 개화파를 쉽게 설득할 수가 있었다. 개화파들이 처벌당할 위험에 처했을 때는 망명을 받아 주기도 했다. 그러나 그들이 공짜로 개화파들을 도와준 것은 아니었다. 개화파를 통해 이권 개발, 한국으로의 시장 확대를 통한 경제적 이익, 한반도를 통한 대륙으로의 군사적 진출 등을 염두에 두고 있었다.

그중 대표적인 인물로 후쿠자와 유키치를 꼽을 수 있다. 후쿠자와는 일본에서 대중 토론을 정착시켜 사람들로 하여금 합리적인 선택을 유도하는 역할을 했다. 우리나라에서는 서재필 등이 후쿠자와의 영향을 받았다. 1895년 1, 2차 관비 유학생(국가장학금 유학생) 139명은 모두 후쿠자와 유키치가 창립한 게이오대학에 입학했다.[16] 그만큼 후쿠자와의 교육관이 널리 존중받고 있었다는 증거이다.

1870년대부터 활동을 시작한 후쿠자와 유키치는 진보한 생각을 가지고 있는 사람이었다. 우선 그는 교육적으로 남녀 모두 동등하게 학문을 닦을 수 있는 존재임을 알고 있었다. 그리고 물리학이라는 과학의 뼈대 위에 여타 학문의 건물을 올려야 한다고 믿었다.

16 김영일, “한국 최초 형법학자 장도(張燾)의 생애와 법사상”, 『동아법학』 제97집 (2022), 129.

〈일본 개화의 상징, 후쿠자와 유키치〉

〈일본 개화의 상징, 후쿠자와 유키치, 일본 만 엔권에 있는 사진〉

… 이상의 것은 학문이라기보다 귀천빈부를 막론하고 모든 여자에게 가르칠 내용이며, 학문에 있어서는 여자도 남자도 다름이 없다. 먼저 물리학을 기본으로 하고 그것에서부터 모든 학문의 전문적인 연구로 나아가야 한다. 이를 비유하자면, 일본의 음식은 밥을 기본으로 하고 서양은 빵을 기본으로 하여 그 밖의 반찬이 있는 것과 같다. 학문의 기본은 물리학임을 명심하고, 먼저 그 대략을 익힌 후에 좋아하는 분야를 따라 연구할 일이다.[17]

정광희에 따르면, 후쿠자와의 교육에서는 "유교주의적 암기식 교육은 배제되었고, 추리와 상상력을 기르는 교육 방법이 중시"되었다. 그는 게이오 의숙 학생들에게 영어 ABC, 독본, 지리서, 수학, 궁리학(기술), 수심학(사회학), 경제학, 법률학을 가르쳤으며, 합리성이라는 바탕 위에 교육을 세우고자 했던 사람임이 분명했다. 후쿠자와는 국민 정체성과 관련해서도 통찰이 있는 사람이었다. 그는 일본이 1870년대 서구에 뒤진 이유를 아래와 같이 이야기한다. 이런 류의 생각은 후에 이승만도 동일하게 공유하고 전파했다.[18]

관리들의 전통적인 전제적 기질과 국민들의 천박한 상인 기질 때문에 관리나 일반 국민 모두 자신의 능력을 최대한 발휘하지 못한 것에 그 이유

17 정광희, "후쿠자와 유키치(福澤諭吉)의 학문론에 대한 일고찰", 『교육과학연구』 제28집 (1998), 97.

18 이승만의 협성협회보에서는 하루가 멀다 하고 한국 국민들이 독립에 대한 투쟁심이 없는 것에 대해 맹렬하게 비판했다. 또한 이승만도 한국인들이 투쟁심이 없다는 것에 대해 자주 비판했다.

가 있다고 볼 수 있다. 메이지 유신 이래 정부가 학술 · 법률 · 무역 등을 진흥시켰음에도 불구하고 그 효과가 없는 것은 바로 이것 때문이다. 근래 정부는 활발하게 학교를 세우고 공업을 장려하며, 육군과 해군의 제도를 크게 개혁시킴으로써 문명의 형태를 거의 구비하게 되었다. 그럼에도 아직까지 외국에 대하여 자국의 독립을 고수하거나 외국과 투쟁 또는 경쟁하려는 인민은 없다. 이뿐 아니라 외국의 사정을 알 수 있는 기회를 가진 사람도 그것을 자세히 알지도 못하면서 두려움에 떨고만 있다. 타인에 대하여 두려운 마음을 가진 사람은 자신이 가지고 있는 능력을 제대로 발휘할 수가 없는 것이다. 인민에게 독립의 기력이 없으면 문명의 외적 형태도 무용지물에 불과한 것이다.[19]

이런 후쿠자와의 이야기는 국내에서도 1890년대부터 이승만, 서재필 등에 의해 재생산되었다. 따라서 개화파는 일본의 선진적이라 믿어 왔던 정치 문화적 지식을 흡수하고자 했다. 이들은 일본의 발달한 정치 문화를 잘 알고 있었다. 일본은 당시 '중추원'이라고 불리는 의회가 있었고, 법에 의한 통치가 실행되고 있었다. 그러나 후쿠자와는 "일본은 서구적 사회 시스템이라고 하는 껍데기는 가지고 왔지만, 민족의 투쟁심 결여 때문에 서구만큼의 발전을 이루지 못하고 있다."라고 이야기했다. '싸울 수 있는 민족', '서양과 한번 붙어 볼 수 있는 민족', 이런 민족성이 경쟁에서 승리를 안겨 주는 하나의 중요한 요소라는 것이다.

19 김정호, "일본 메이지유신기 계몽사상의 정치사상적 특성", 『한국동북아논총』 제37호 (2005), 153.

하지만 개화파들은 후쿠자와의 사상에서 간과한 것이 있었다. 그것은 바로 후쿠자와의 냉혹한 비인간적인 생각들이다. 그는 도덕과 신뢰, 하나님에 대한 경외와 두려움, 하나님의 모습을 닮아 창조된 인간들의 신적인 권위 등이 빠진 '힘의 논리'로만 세계를 이해했다.

> 화친 조약이든 만국 공법이든 말은 그럴 듯하지만 표면상의 명목만 그렇게 둘 뿐, 사실은 권위를 다투고 이익을 탐내는 것에 지나지 않으며 백 권의 만국 공법은 대포 몇 발에 미치지 못한다. 몇 권의 화친 조약은 탄약 한 상자에 미치지 못한다. 대포와 탄약은 어떤 도리를 주장하는 데 있어 준비 없이도 새로운 도리를 만들어 내는 기계이다.[20]

> 국제 관계에서는 아무리 만국 공법을 세계 인민의 공론·여론으로 인정하더라도 그 힘은 매우 미약하며 국내와는 도저히 비교가 되지 않는다. 결국 이 세계에서는 명분이 옳기 때문에 이기는 것이 아니라 이겼기 때문에 명분이 힘을 얻는 것이다.[21]

야카사키의 설명에 따르면, 이런 후쿠자와 생각의 배경에는 아시아 국가가 영국과 같은 열강의 식민지로 속절없이 넘어가고 있는 현실 인식이 자리 잡고 있었다. 후쿠자와가 생각하는 일본은 도덕적 능력으로 국제 사회에서 존경받는 플레이어가 되기보다, 힘의 논리 속에서 무력으로 영향

---

20 야가사키 히데노리, "근대일본정치사상에 나타난 이상과 현실: 일본의 과오와 교훈", 『국제정치논총』 44(2) (2004), 172.

21 위의 논문, 172.

을 행사하고 침략에 맞서는 존재가 되어야 했다. 전혀 그런 능력을 보여 주지 못했던 조선과 청나라는 그에게 "요괴 악마의 지옥 나라"였다.[22]

이준의 정치계 선배라고 할 수 있는 장박과 김학우는 일본의 개화파 지지 세력과 가까운 대표적인 함경도 출신 사람들이었다. 김학우는 일본을 싫어하는 쇄국주의자 흥선 대원군의 세력에 의해 1894년 암살당했다. 이제 이준을 끌어 줄 동향 개화파 선배는 장박밖에 남지 않았다. 이준은 장박의 영향으로 함흥에서 맡고 있던 관직을 7개월 만에 그만두고 정동에 새로 생긴 법관 양성소에 입학했다. 이준이 한국 최초의 검사가 된 것은 사실이지만, 한 꺼풀 더 깊은 역사적 사실로 이를 분석해 본다면, 이준은 법부대신 장박에 의해 사회 진화론자의 길로 초대된 것이다. 이러한 이준의 판단은 아쉬운 판단이었다.

후쿠자와 유키치는 대놓고 언론에 한국을 비하했던 사람이었다. 일본의 속국으로 있을 때 일본이 이익을 본다고 하는 분명한 공적 언급을 했던 인사를 계속 추종하는 것은 마땅히 비판을 받아야만 했다. 후쿠자와는 일본의 위기를 한국을 통해 극복하려 했다. 강도 짓을 한 이들에게 "네 것을 주면 되지! 왜 남의 것을 빼앗아서 주나?"라고 했던 천종호 판사의 불꽃 같은 논리가 개화파에게는 부족했다.

동학 농민 운동을 이끌었던 전봉준은 이런 핵심을 잘 간파하고 있었다. 동학 농민들은 "방백과 수령이 모두 개화의 편이 되어, 인민은 구휼하지 않고 살육을 좋아하여, 생령을 도탄에 빠지게 했다."[23]라는 구호를 외

---

22 위의 논문, 174.
23 오가와라 히로유키, 『이토 히로부미의 한국 병합 구상과 조선 사회』 최덕수, 박한민 옮김 (파주: 열린책들, 2012), 63.

쳤다.[24] 이때 전봉준의 사형을 선고한 자가 이준을 정치로 이끌었던 장박이었다.[25] 동학 농민 운동 세력들은 기본적으로 후쿠자와의 생각을 공유하는 개화파들의 철학이 평범한 국민들의 생활 개선과는 관련이 없다고 생각했다. 그들이 갑신정변에서 개혁을 추구하는 방식은 주요 고위 공직자들을 죽이는 잔인한 방식이었다.[26] 갑신정변은 교과서 등에서 3일간 꿈을 이루어 본 '낭만적인 정변'으로 표현되기도 하지만, 사실은 피가 낭자했던 결코 아름답지 않은 정변이었다. 이는 곧 후쿠자와 유키치가 이야기한 "결국은 무엇보다 힘이 이긴다."라는 논리의 실천이었다.

〈갑신정변의 주동 인물들. 왼쪽으로부터 박영효, 서광범, 서재필, 김옥균〉

---

24 일본은 1894년 8월 20일 조일잠정합동조관이라는 조약을 맺고 전라도 내 한 개의 항구를 열기로 했다. 개항장의 후보로는 농민 운동의 중심지였던 고부와 목포였다. 당시 일본 상인이 취급하는 물품 중 60퍼센트가 전라도와 거래되었기에, 일본은 특별 거류지를 형성하여 상인들을 전라도에 이주시킬 계획을 가지고 있었다.

25 위의 책, 64.

26 이조연, 한규직, 윤태준, 민영목, 조영하, 민태호, 유재현을 살해했다.

이준도 인생 말미에는 일본에 적극적으로 대항하여 네덜란드의 헤이그행 기차에 몸을 실었지만, 그의 인생 초기에는 일본의 커다란 계획을 인지하지 못했고, 소극적으로 동의했다. 함경도 개화파의 인사에 자신을 맡긴 것이 그 증거이다.

적어도 고종은 이준과는 다르게 일본의 내정 간섭의 의지를 어느 정도 간파했다. 그 결과 일본이 두려워하는 러시아를 국내 정치에 끌어들여 일본의 "대조선 보호국화 구상을 후퇴"시켰다.[27] 이후 이런 고종의 결정은 일본의 미우라 공사가 '친러파'라 인정받는 명성황후를 시해하는 것으로 이어지게 되었고, 이에 반발해 조선에 대한 일본의 정책 핵심이 노출되었다.

27 오가와라 히로유키, 『이토 히로부미의 한국 병합 구상과 조선 사회』, 55.

정동이라는 매력 있는 섬, 법관 양성소 길 하나 건너 배재학당

이준은 장박의 인도로 약 7개월간 정동에 머물면서 법관 양성소에서 교육을 받으며 이일정과 신혼 생활을 이어 갔다. 이준은 아내에게 있어 그리 다정한 남자는 아니었다. 훗날 헤이그 특사를 갈 때에도 바로 전날 아내에게 "나 갑니다." 하고서 시 몇 편을 지어 주고는 헤이그로 훌쩍 떠나 버릴 만큼, 이해하기 어려운 자신만의 세계에서 살던 사람이었다. 그렇지만 이준은 아내가 먼저 경험했던, 오늘날의 이태원과 한남동과 같은 정동에 입성하여 약 7개월간 검사 훈련을 받게 된다.

법관 양성소가 있었던 정동은 당시 '개혁, 기독교, 서양'을 상징하는 곳이었다. 선교사들 및 외교관들은 1880년대를 기점으로 정동에 정착하기 시작했는데, 정동에는 미국, 영국, 독일, 이탈리아, 러시아, 프랑스, 벨기에의 공사관이 밀집했고, 한 해 60~100명에 달하는 서양인들이 자리를 잡고 머물렀다. 즉 북청 물장수의 동네, 풍계리 핵실험장이 있는 그 추운 곳에서 오늘날의 이태원 외국인 거리와 같은 곳으로 거처를 옮긴 것이다.

〈배재학당 학생들과 뒤에 보이는 배재학당 교사(校舍), 1908년 사진〉

〈현재 배재학당 동관으로 알려진 강당, 1908-1922년 사이에 촬영한 사진〉

〈곱게 차려입은 이화학당 저학년 학생들, 1908-1922년 사이에 촬영한 사진〉

일단 정동은 시각적으로 조선 사람들에게 충격을 주기에 충분한 곳이었다. 1892년 건립된 영국 대사관저는 연면적 245평에 달하는 거대한 2층 석조 건물이었고, 우아한 영국식 정원이 자리 잡고 있었다. 러시아 공사관도 정동에 위치했는데, 이 공사관은 1896년 고종이 들어가서 생활을 할 만큼 규모와 위엄이 있던 곳이었다. 파란 눈 붉은 피부를 가진 백인들의 독특한 생활을 관찰할 수 있었던 정동에서의 7개월, 그 시간에 또 다른 세력들이 피어나고 있었다.

이준이 법관 양성소에서 공부한 1895년 말에는 이준의 미래 동료들이 활동을 시작하고 있었다. 정동에 자리 잡았던 기독교 감리회 학교인 배재학당에서 이승만과 주시경 등이 서재필의 지도하에 공부를 하고 있었다. 이승만은 배재학당에 1894년 입학하여 1897년 학업을 마쳤으며, 서재필은 미국에서 1895년 12월 미국에서 입국하여 배재학당의 교편을 잡았다. 서재필은 서구식 토론 방법을 배우고 공부도 매우 잘해서 의사가 되었지만, 쓰린 기억을 가지고 한국에 다시 돌아왔다. 실력은 뛰어났지만 인종 차별로 인한 미국 대학생들의 강의 거부를 경험했기 때문이다.

일본과 친했던 세력들이 주도한 갑신정변이 3일 만에 실패로 끝나자, 그 주역이었던 서재필의 가족은 자살, 참형, 아사 등으로 생을 마감했다. 서재필은 미국에서 돌아와 개화파의 일원으로 정부에 뛰어들지 않았다. 그는 미국인의 신분으로 한국에 들어왔으며, 개화파의 입각 제의를 거부하고 배재학당의 교사로 근무하기를 택했다. 그의 판단은 옳은 판단이었다. 서재필이 다시 한번 개화파와 함께 권력의 중심부로 들어갔다면, 그는 국내에서 활동할 기반을 다시 다 잃어버린 후 일본으로 망명하게 되었거나 생을 마감하게 되었을 것이다. 그러나 그는 학생들 및 사람들의 품으로 들어간다. 그는 1895년 12월에 정동에서 활동을 시작했다. 이준도 이때 정동에 위치한 법관 양성소 학생이었다.

이준은 개화파의 영향권 아래 있는 사람이었지만, 독특한 기독교 학교가 가진 사상을 실천하는 사람들과 같은 공간에서 살아가고 있었다. 그가 정동 길을 거닐 때는 아내의 모교 이화학당과 배재학당을 보았을 것이고, 정동제일교회의 모체인 아펜젤러의 사택도 보았고, 여자들이 몰려 다니며 이화학당에서 교육을 받고, 별 볼 일 없어 보이는 청소년들이 신식 건물에서 새로운 것들을 배우고 있는 것을 보았음이 분명하다. 그러나 당시 이준은 아직 기독교인이 아니었고, 기독교 세력과 힘을 합쳐 어떤 일을 했다는 근거 또한 찾아볼 수가 없다.

이준의 기독교적 정체성을 지나치게 드러내고자 하는 이들은 이준과 기독교를 엮기 위해 이준이 협성회를 서재필과 함께 설립했다는 이야기를 하기도 한다.[28] 하지만 이는 분명한 역사 왜곡이다. 이준은 협성회가 설립되었을 1896년 11월에 일본 망명 중이었다. 지금처럼 'Zoom' 등의 온라인 화상 회의로 협성회 설립 준비를 같이 해 나갈 수 없었다. 또한 이준이 서신 등을 통해 협성회 창립에 도움을 주었다는 근거도 없다. 이준이 협성회를 창립했다고 주장하는 사람들은 추정하건대 협성회가 불러온 독특한 독립운동 방식에 대해 높은 가치를 부여하면서 이준을 엮고 싶어 그런 무리한 주장을 한 것이 아닌가 싶다.

이야기가 나온 김에 협성회에 대해 이야기를 나누어 보고자 한다. 협성회는 초기 학생들만의 토론 클럽이었다. 협성회의 토론이 활성화되고 그 토론의 질도 괄목할 만하게 성장하자, 협성회는 『협성협회 회보』라는 주간지를 발간하게 되었다. 이 주간지는 정동 인근 사람들에게 협성회를 알리는 좋은 도구가 되었고, 이후 협성회는 서울에 거주하는 사람들이 참가할 수 있는 열린 모임이 되었다. 사람들은 협성회의 근대적 토론 문화를 경험하고서, 자신의 정치적 의사를 합리적이고 비판적인 토론을 통해 정할 수 있다는 것을 알게 되었다. 또한 기독교 사상에 근거한 만민 평등 사상을 통해, 나의 의견이 식자들의 의견과 동일하게 토론의 승패를 가를 수 있는 한 표로 작용할 수 있다는 것도 알게 되었다. 온건한 방식의 사회

28 일성이준열사기념사업회, 『이준 열사, 그 멀고 외로운 여정』, 196.

참여에 목말라 있던 시민들은 협성회의 토론 장으로 몰려들었고, 협성회는 더욱더 발전을 거듭하였다. 1897년 배재학당 졸업식에는 현직 장관급 인사들이 즐비하게 참석하기도 했다.[29]

대중적 토론회의 성공 이후 독립협회도 엘리트 위주의 사교 클럽의 성격을 버리고 민중을 주도하는 단체가 되었다.[30] 독립협회 연구의 권위자 신용하는 협성회를 단순히 독립협회의 자매 단체로 보았다. 그러나 필자의 의견은 다르다. 협성회는 최초로 학생들이 중심이 되어 성공적으로 토론회를 확장시켜 갔으며, 대중들을 참여시켜 토론회를 가졌던 단체이다. 서재필은 주도적으로 대중 토론을 실행해 본 경험이 없었지만, 협성회의 성공 케이스만큼은 직접 목도했다. 1896년 독립협회는 엘리트 위주의 사교 단체였지만, 대중 토론 단체로서 그 성격을 급격하게 변화시킨다. 독립협회의 대중적 형성에 있어서 협성회는 제 역할을 한 것이다.

이 협성회의 주동 인물들도 자유주의적 사회 진화론의 영향을 강하게 받은 사람들이었다.[31] 협성회의 주 인물이자 훗날 초대 대통령이 된 이승만은 이를 나름대로 기독교적으로 재해석하여 기독교를 통해 율법의 속박에서 해방, 허례허식의 속박에서 해방, 죄악의 속박에서 해방을 추구했다. 이를 조선 독립의 전제 조건으로 인식했다. 그의 사상이 자유주의적 사회 진화론의 영향을 받기는 했지만, 적어도 도덕적 우월성을 추구했다

29 이준 기념회는 이런 협성회의 중요성을 생각하여 이준이 신채호와 협성회를 공동으로 설립했다고 이야기한다. 그러나 협성회는 이준의 일본 망명 시기에 설립되었으므로, 이준은 참여하고 싶어도 참여가 어려웠다.

30 구체적인 정보는 신용하의 『독립협회 연구』 (서울: 일조각, 2006)를 참조하라.

31 최연식의 논문 "개혁적 사회 진화론의 수용과 청년기 이승만의 독립정신" 『한국정치외교사논총』 제31집(2) (2010)을 참조하라.

는 점에 있어서 당시에는 좋은 평가를 받을 법했다.

〈독립협회가 설립한 독립문, 1904년〉 출처: En Coree

이승만이 현재까지 전국민 기독교화를 꿈꾸는 보수 기독교인들에게 추앙을 받는 이유도 여기에 있다. 이승만은 '신앙의 힘'을 전면에 내세웠다. 이런 언사는 그와 개화파와의 차이를 만들어 냈다. 이승만은 적어도 협성회에서 활동할 때에는 국내 정세에 외세가 개입하는 것에 대해 분명한 반감을 드러냈다. 그가 러시아나 일본에 의지하지 않고 깡다구 있는 주장을 할 수 있었던 유일한 근거는 '신앙'이었다. 필자는 이승만을 추앙하는 역사학자가 아니다. 하지만 적어도 1896년 어간에 이승만과 그의 동료들이 일본의 힘을 빌어 국정 개혁을 추진하려는 개화파 및 러시아를 추종하는 수구파와 분명 다른 메시지를 발했다고 본다.

이러한 전혀 다른 목소리를 듣기도 전에 이준의 정동 생활은 한성재판소 소속 검사 시보 생활을 1896년 3월 짧게 마무리한다. 그는 1895년 12월 25일 법관 양성소를 16등으로 졸업했었다. 하지만 1896년 2월, 가장 먼저 한성재판소 검사 시보로 임명되었다.[32] 과거를 보지 않고 공직에 올랐던 그가 또다시 특혜를 받은 것이다. 16등 졸업생이 가장 처음 검사 발령을 받은 것은 이해가 어려운 부분이다. 역사학자들은 입을 모아 함경도 출신 법부대신 장박이 이준의 인사에 다시 영향을 주었을 것이라고 이야기하고 있다.[33] 이런 불공정하고 원칙이 없는 인사는 사회의 주도 세력이 바뀌면 추풍낙엽과 같이 허물어지는 특성을 가져오는데, 이준도 예외가 아니었다.

이준이 법관 양성소를 다니고 검사 시보가 되었을 1895년에서 1896년 2월까지는 개화파 김홍집이 총리로 있었을 때이다. 친일 개화파들이 활개를 펼칠 때였고, 법부대신 장박도 한창 영향력을 발휘할 때였다. 당시 이준은 소위 장박 패밀리에 속했고, 그 혜택을 톡톡히 누렸다. 당시에도 지연과 학연은 실력을 앞섰던 것으로 보인다. 그러나 이런 정의롭지 못한 인사의 결과는 비참한 결과를 가져왔다.

상황은 아주 좋지 않게 흘러가고 있었다. 이준은 2월 3일 검사 임명을

---

32 최기영, "한말 이준의 정치 계몽활동과 민족 운동", 『한국독립운동사연구』 제29집 (2007), 449.

33 최기영 "한말 이준의 정치 계몽활동과 민족 운동", 450; 이만열, 『한국기독교와 민족 운동』 (서울: 한국기독교역사연구소, 2001), 45. 이만열은 장박과 이준의 연결은 인정하지만 이준이 장박의 영향으로 망명한 것은 아니라고 본다. 이런 의견의 차이는 유자후, 이선준의 자료를 사료로 인정하는가 안 하는가에 대한 입장의 차이다. 필자는 유자후, 이선준보다는 이준의 아내 이일정의 증언에 신뢰성이 있다고 보았다. 서영석, "이준의 구국운동과 교육사상", 『기독교교육정보』 제18집 (2007), 335.

받았고, 고종은 2월 11일에 자신이 거주하던 경복궁을 떠나 정동에 있는 러시아 공사관으로 피신했다. 2월 3일부터 10일까지는 개화파를 지지하던 일본이 고종을 꽉 쥐고 있었으므로, 이준은 8일간만 '장박 프리미엄'을 경험할 수 있었다. 이준이 정동을 떠나 한성재판소가 있는 경복궁 근처에 위치한 종로 1가로 움직였을 때, 경복궁에 머무르던 고종은 정동의 러시아 공사관으로 들어오게 되었고, 베베르라는 러시아 외교관이 고종의 피신을 도왔다. 이제 일본은 공식적으로 조선의 왕권에 개입할 가장 결정적인 채널을 잃어버린 것이다.

〈정동길 풍경〉 (법관 양성소 건물 이미지는 상상도) 그림: 송요한

러시아는 한국의 독립을 유지하는 데 진지한 관심을 가지고 있었다.

러시아의 주 조선 러시아 공사였던 베베르는 고종과 막역한 사이였다. 그는 나름 진심을 가지고 고종을 도왔던 것으로 보인다. 김종헌은 러시아의 베베르의 자료를 통해 당시 러시아의 입장을 잘 전하고 있다. 베베르의 말이다.

> 어떤 형태로도 특권을 독점하고 수비 병력을 증강하려는 일본의 요구가 받아들여져서는 안 된다.… 한국의 독립에 대해 일본인들은 오래전에 이미 망각한 것으로 보이는 바, 우리는 이 점에 관심을 가져야만 한다.[34]

이미 일본은 한국의 독립보다는 이권에 눈이 멀어 있었다. 러시아도 자신들의 국가의 이익에 맞게 움직여 갔지만, 아관파천 전까지는 일본처럼 노골적이지는 않았다. 베베르는 조선의 독립을 지켜 주어야 한다는 생각은 굳게 하고 있었던 것으로 보인다. 반면 일본의 자객들은 명성황후를 끔찍하게 살해했고, 왕의 생명을 위협하며 국사에 관여하고자 했다. 국권을 잃어버리고 일본에 병합되는 것은 시간문제로 보였다.

베베르는 명성황후가 살해당한 사건 당일 고종을 찾아간다. 고종은 베베르에게 자신을 떠나지 말아 달라고 애원했다. 일본은 아주 악랄했다. 명성황후가 살아 있다고 풍문을 퍼트리기도 하고, 자신들은 시해에 관여를 하지 않았다고 오리발을 내밀기도 했다. 그리고 고종을 밀착 감시하며 고종이 자유롭게 자신의 의견을 내는 것을 막았다. 러시아는 일본이 고종

---

34 김종헌, "을미사변 이후 아관파천까지 베베르의 활동", 『사림』 35호 (2010), 33.

을 폐위하려는 것을 눈치채고 "국왕의 가족을 보살필 수 있도록 하라"[35] 라는 명령을 베베르에게 내린다. 일본은 시해 당시 근무했던 미우라 공사를 체포하고, 일부 책임을 인정한다. 그리고 미국, 영국, 러시아 외교관들은 이 문제에 대해 의논하기 시작한다.

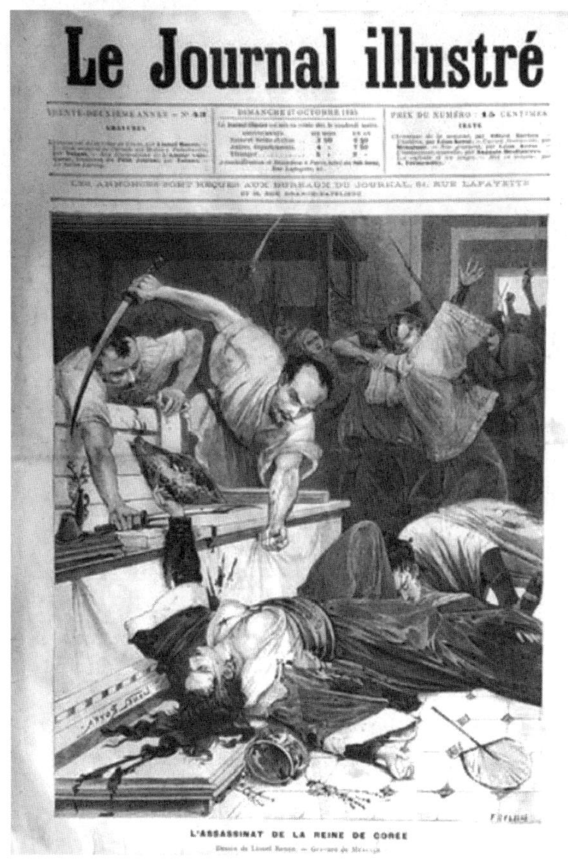

Le Journal illustré

PRIX DU NUMÉRO : 15 CENTIMES

LES ANNONCES SONT REÇUES AUX BUREAUX DU JOURNAL, 61, RUE LAFAYETTE

L'ASSASSINAT DE LA REINE DE CORÉE

〈『르 주르날 일뤼스트레』의 을미사변에 관한 묘사화 1895년 1월 1일 보도〉

35 위의 논문, 40.

외교적으로 책임자 문책 및 고종의 안전이 보장되지 않았다. 고종은 1895년 11월 19일에 편지를 전달받았다.

〈명성황후가 살해된 건천궁 곤녕합 옥호루〉 ⓒ 문화재청 국가문화유산 포털

> "왕비 시해 이후 … 단 하루도 생명의 위협을 느끼지 않은 적이 없으며, 새로운 쿠데타가 발생하지 않을까 걱정하지 않은 날이 없습니다. … 베베르에게 전권을 하사하시어 군사력으로 과인을 보호할 수 있도록 부탁드립니다."[36]

고종은 계속해서 일본에 의해 생명의 위협을 받았고, 시해의 주범으로 꼽히던 미우라는 1896년 2월 석방되었다. 미국은 '내정 불가침'을 내세워 고종의 도움 요청에 응답하지 않았지만,[37] 러시아는 고종을 돕기 위해 태평양 함대의 함선을 서해 제물포에 배치했다. 러시아는 135명의 해병

36 김종헌, "을미사변 이후 아관파천까지 베베르의 활동", 52.

37 김영수, "근대한러관계연구: 아관파천과 한러관계의 진전; 아관파천, 1896: 서울, 도쿄, 모스크바", 『사림』 35호 (2010), 63.

과 1문의 대포를 러시아 공사관으로 위치시켰다.[38] 고종은 2월 11일 정동에 있는 공사관으로 피신할 수 있었다. 이때 내각 총리가 바로 김병시였다.

〈착공된 러시아 공사관. Carl Friedrich Theodor von Weber의 촬영 사진. 훗날 고종은 이곳으로 피신한다. Weber는 1897년까지 주 조선 러시아 대사로 근무한 이후, 1903년 러일 전쟁 직전 고종과 협상을 위해 대한 제국에 방문했다.〉 출처: LiveJournal

이준은 친 일본계 내각 총리였던 김홍집 정권 아래 법부대신 장박의 영향 아래 있었기에 그의 목숨이 보장되지 않았다. 김병시 내각하에 있는 친일계 개화파들의 대대적인 숙청이 일어났다. 따라서 이준도 검사 시보 임무를 수행한 지 한 달도 되지 않아 면직되고 말았다. 면직의 이유는

38 위의 논문, 66.

"10일간 출근을 하지 않아서"였다.[39]

이준이 김홍집 내각 아래에서 장박의 도움을 받아 검사 시보가 된 것은 하나의 비극적인 이야기였다. 이는 소신 없이 판단한 너무나도 쉬운 선택이었다. 그 결과로 이준은 검사직을 얼마 수행하지도 못하고 이내 면직이라는 비참한 결과를 맞이하게 되었다. 이준은 명성황후 시해와 일본의 이권 탈취 의도에도 제때 반응하지 못했다. 그가 법관 학교를 다니고 있을 때, 일본이 명성황후를 시해했기 때문이다.

여기에서 하나 짚어야 할 것은, 만약 김병시·이준 커넥션이 살아 있다면 이준이 장박과 함께하는 길을 택하지 않았을 것이고, 유길준·장박과 함께 망명할 필요도 없었을 것이다. 고종이 '러시아'의 품으로 피신함에 따라 일본을 택했던 이들에게는 가혹한 심판이 가해지게 된 것이다. 총리였던 김홍집은 돌에 맞아 죽었고, 법부대신 장박과 내무부대신 유길준 등은 체포 명령을 받았기에, 장박의 영향하에 있었던 이준도 도피를 할 수밖에 없었다. 그런데 이준의 아내는 명성황후의 시해로 인해서 이준이 일본으로 망명을 갔다고 전하고 있다.

이준은 정동에서의 생활을 정리하고서 젊은 처를 두고 홀로 일본으로 가는 망명선을 탔다. 이준이 일본에서 무엇을 했는가는 명확하게 알려져 있지 않다. 일부 이준에 대한 기록을 남긴 사람들은 이준이 일본에서 와세다대학 법학부를 졸업했다고 이야기한다. 하지만 와세다 대학 법학부의 졸업 기록에서는 이준의 졸업 정보가 나오지를 않는다.[40] 이준의 아내

39 최기영, "한말 이준의 정치 계몽활동과 민족 운동", 450.

40 김효전(金孝全), 김양완(金亮完)의 "近代における韓国憲法学の潮流 早稲田大学との関わりを通じて"(2007)을 참조하라. 김효전과 김양완은 와세다대학에 지속적인 문의와 추적 끝에 이

역시 이준이 와세다 대학에서 공부했다는 이야기는 하지 않았다. 이준이 정동을 떠난 사이 협성회는 크게 성장했고, 협성회의 회원들은 이미 국내 큰 영향을 끼치고 있었던 독립협회에 영향을 주기 시작했다.

이준이 새로이 머물렀던 정동은 그에게 아이러니를 선사했던 매우 흥미로운 공간이었다. 이준이 장박의 도움으로 공부하던 법관 양성소와 이승만이 공부했던 배재학당까지는 도보 23미터로 길 하나 건너 닿을 거리였다. 고등학교 학생이었던 협성회의 회원들은 조선에 존재하지 않았던 서양식 근대 토론이라는 것을 서재필의 도움을 받아 자체적으로 시작했다. 아래에서부터 시작된 작은 변화의 움직임은 외세의 풍파에도 크게 흔들리지 않았다.

반면, 아무 도움이 없어 갈 곳이 정동밖에 없었던 이승만은 정동에서 예상치 못한 인생의 순풍을 타게 된다. 그는 관직에 오르고 싶었다. 하지만 과거(科擧)에 5번 떨어져 누구나 갈 수 있는 배재학당에 입학을 결심했다. 당시 고종이 외국어에 능통한 인재를 찾았기에 배재학당의 아펜젤러는 영어 교육을 함으로써 정식 학교 승인을 얻을 수 있었고, 이승만은 하는 수 없이 배재학당에 입학하여 되는 대로 영어를 배운 셈이다. 그리고 그는 그곳에서 우연찮게 서재필을 만나 서구식 토론을 배웠는데, 이로써 한국 최초의 근대적인 토론 클럽인 협성회에서 양홍묵과 주시경 등과 함께 중요한 역할을 감당했다.

이준과 이승만, 이 둘은 이렇게 완전히 다른 '배경'을 가지고서 같은 공간인 정동에서 살고 있었다. 얼핏 보면 이준의 길은 성공을 향해 펼쳐져

준의 이름이 와세대 대학 명부에 없다는 것을 밝혀 냈다.

Mrs. H. G. Appenzeller. Rev. H. G. Appenzeller.

아편셜나부인 아편셜나목사

They arrived in Chemulpo on Easter Sunday, April, 5, 1885 and started "Pai Chai Haktang" on August 3rd of the same year with two students.

경셩에처음벽돌집배재학당

PAI CHAI HAKTANG, the first brick building ever built in Seoul in 1887.

〈아펜젤러 부인과, 아펜젤러 목사,

아래의 사진은 "경성의 처음 벽돌 집"인 배재학당을 소개한다〉

있는 12차선 아우토반과 같고, 이승만의 길은 경운기도 한 대 덜덜거리면서 겨우 지나갈 농촌 비포장 도로와 같다. 그러나 이준의 정동 생활은 장박이라는 인물로 인해 강제로 막을 내리게 되었고, 이승만은 자신의 위치와 능력에서 해 볼 수 있었던 작은 토론회에 진력을 다했다. 그러다 보니, 그 토론회가 차기 독립운동의 핵심 전초기지가 될 수 있을 만큼의 영향을 미치게 되었다. 결국 정동에서의 좁은 길을 걸었던 이승만은 웃었으나, 넓은 길을 걸었던 이준은 울 수밖에 없었다.

이준은 정동에서의 생활 이후 종로 1가 한성재판소에서 미처 검사 시보로서 출사표를 던져 보기도 전에 내무대신 유길준과 장박을 따라 일본행 망명선에 오른다. 그러나 그는 의외로 2년 8개월 만에 이른 복귀를 하게 된다.

이준의 독립협회, 길을 건너 배재학당으로

이준은 1898년 9월에서 10월 사이 귀국했다. 이제 대한 제국[41]은 일본에 대한 압박과 더불어 러시아의 영향권 아래 있기 시작했다. 러시아도 일본 못지않게 아관파천 이후 한국에서의 이권에 눈독을 들이고 이권 차지에 대한 노력을 경주했다. 일본이고 러시아고 결국 그들 접근의 최종 목적은 '수탈'과 더불어 한국을 활용해 얻을 '자국의 이익'에 있었다.

러시아는 아관파천 이전까지 별다른 이권 침탈의 욕구를 보여 주지 않았다. 그러나 아관파천 이후인 1896년 4일 경원·경성 광산 채굴권, 1896년 8월 인천 월미도 저탄소 설치, 9월 무산·압록강 유역·울릉도 살림 벌채권, 1897년 10월 부산 절영도 저탄소 설치, 1898년 3월 한아은행 설치 등을 통해 본격적으로 이권에 개입하기 시작했다.[42] 1883년 1월 부산 해저 전선 부설권을 시작으로 각종 이권을 구입한 일본보다 늦기는 했지만, 러시아도 대중들의 본격적인 비판을 받기 시작했다.

독립협회는 이준이 입국할 무렵인 1898년 9월 16일 "상업 권리를 외

41 조선의 국호는 1897년 10월 12일 '대한 제국'으로 바뀐다. 이를 줄여서 '한국'이라고도 부른다.
42 신용하, 『獨立協會研究(하): 독립신문 · 독립협회 · 만민공동회의 사상과 운동』 (서울: 일조각, 2006), 193.

인에게 다 빼앗기고 내국 상인은 불과 그 잔여를 수습하여 파리 머리만큼의 박리를 겨우 얻으니, 이와 같음을 그치지 아니하면 앞으로 나오는 상민이 부지키 어려울뿐더러 장차 사방에 망해 흩어져 타인의 노예가 될지라."[43]라는 공식적인 논평을 남긴다. 독립협회는 러시아의 한아은행 설립, 일본 화폐의 통용에 대해서도 강경한 비판을 남긴다. 즉 이준의 입국 당시 상민들의 삶의 애환을 대변하는 독립적인 단체로서 영향을 끼치기 시작한 것이다.

열강들에 대한 독립협회의 입장은 "중립 외교를 통한 외세 간섭의 배제"였다. 의존적 외교는 이권 침탈을 불러오며, 주권의 간섭까지 불러오기 때문이었다. 의존적 외교는 또한 이권 경쟁을 불러일으켜 러시아와 일본과의 전쟁을 한반도에서 불러일으킬 수 있는 위험을 가져올 수도 있었다. 이에 따라 독립협회는 1898년 7월 18일 이완용 등 대표적인 사대 인사를 제명하고 추방했으며, 민중들의 모임이 되었다.

그러나 독립협회를 긍정적으로만 보지는 않는다. 오늘날에는 독립협회에 대한 비판의 목소리도 있다. 독립협회의 역사적 발전에 대해 이해하지 못하고, 독립협회를 과도하게 일반화하려는 시도에서 나온 오류이다. 중앙일보 배영대 기자는 "아관 망명 정부의 사교 단체서 친일 정치 단체로 ××× 왕권 탈취 노리다 자멸"[44]이라는 아주 자극적인 기사로 독립협회를 비판했다. 독립협회는 반 러 반 고종 친일 단체라는 것이다. 그는 "친일파가 주도권을 쥔 독립협회의 활동은 명백히 '친일매국운동'이었으

43 위의 책, 196.
44 배영대, "아관망명정부의 사교단체서 친일 정치단체로 … 왕권 탈취 노리다 자멸", 중앙선데이, 2017년 11월 12일 수정, https://www.joongang.co.kr.

며, 설사 오늘날과 같은 상황이라고 해도 순수한 '시민운동'으로 봐 주기 힘들 정도"였다고 매도한다. 주장의 핵심은 고종의 아관파천으로 겨우 왕권을 살려 두었는데, 독립협회의 반 러시아적 성격이 고종의 권력을 약화시켰고, 결국 일본인들이 가장 큰 이익을 보았다는 것이다.

그러나 독립협회는 초기 엘리트 중심으로 운영되지 않았다. 협회의 의사 결정이 엘리트로부터 시작해서 회원으로 내려가는 하향식이 아니라 1898년 기준 4,173명의 회중이 의안을 제출하여 입회와 회원의 감독을 다수결로 채택하도록 하는 상향 방식으로 운영되었고,[45] 당시 다수의 상인들이 러시아와 일본의 이권 침탈에 적극적으로 저항했던 것을 생각해 보면 그의 판단은 적절하지 못함을 알 수 있다.

협회원들은 일본보다는 러시아를 더 비판했는데, 그 이유는 아관파천 이후 러시아가 적극적으로 이권을 추구하여 국가적인 피해를 끼쳤기 때문이다. 독립협회가 개최한 1898년 10월 28일부터 6일간 열린 관민 공동회에서 결정한 헌의 6조는 이에 대한 반증이다. 헌의 6조는 외세의 의지하여 국사를 논하고 외세의 이권 침탈을 방지하는 조항이 결의되어 있다. 당시 대한 제국의 이권을 가장 많이 침탈했던 세력은 바로 일본이었고, 러시아는 이권 침탈의 돛을 이제 막 빠른 속도로 올리고 있었다.

주진오가 연구한 바에 따르면, 독립협회는 1897년 러시아의 한국과 만주 동시 침략 의지를 읽고 반러 단체가 되었으며, 미국과 영국, 그리고 일본의 지원을 받아 폭발적으로 성장할 수 있었다고 밝힌다. 즉 주진오의 주장의 골자는 독립협회가 독자적인 독립을 추구했다기보다는 여전히 외

45 신용하, 『獨立協會硏究(하): 독립신문 · 독립협회 · 만민공동회의 사상과 운동』, 127.

세 의존적이었으며, 관료들이 핵심적인 역할을 맡았다는 것이다. 대표적인 예로 이준의 귀국에 관련되었을 것으로 추종되는 대표적인 친일 개화파 박영효의 독립협회 관여이다.[46]

또한 김신재의 비판은 독립협회의 상황 파악 능력의 부족과 관련되어 있다. 독립협회가 일본의 침략 의도를 제대로 읽지 못했다는 한계를 가지고 있음을 지적한 것이다.[47] 그는 독립협회가 민족 자강적 원칙에 의거해 독립된 상태로 국가를 지키고자 했고, 러시아의 간섭이 심해진 아관파천 이후에는 일본과 미국에 대하여 긍정적인 태도를 보였다고 밝혔다.

주진오와 김신재의 비판은 문제가 있다. 이들은 독립협회 내적 의사 결정 과정을 지나치게 간과했고, 다수 평민 참여자들의 주장과 결정에 대해서는 언급을 하지 못했다는 한계를 가진다. 주진오는 자신의 논문 "1898년 독립협회 운동의 주도세력과 지지기반"에서 1898년 10월 이후 독립협회의 주요 참여자들이 시전 상인들, 신식 학교 학생들, 영세 소상인들이라는 점을 밝혔으면서도, 이들을 독립협회의 주요 참여자들이 아닌 '지지자'로 낮춰 보았다.

그러나 이들은 지지자 이상의 '대중 토론의 참가자'들이었다. 평범한 이들의 참여를 얕잡아 보는 시각은 독립협회 내부의 활력 있는 관계를 보지 못하게 한다. 그리고 단순히 독립협회를 '외세에 수동적인 집단'으로만 바라보게 하는 한계가 있다. 앞서 언급한 평범했던 독립협회의 주요

46 주진오가 독립협회를 연구한 논문은 "사회사상사적 독립협회 연구의 확립과 문제점", 『한국사연구』 149호 (2010)과 "1898년 독립협회 운동의 주도세력과 지지기반", 『역사와현실』 제15권 (1995)이다.

47 김신재, "독립협회의 대외인식과 자주국권론", 『경주사학』 제17집 (1998), 118.

참여자들은 '친일 개화파'와는 크게 관련이 없는 이들이었다.[48] 독립협회의 회원들은 일제의 큰 계략까지는 읽지 못했어도, 외세 간섭과 이권 침탈 반대라는 큰 원칙을 일관되게 주장했다. 독립협회는 훌륭한 역할을 해냈고, 시민 사회의 힘을 대중적 토론이라는 온건한 방식으로 보여 주었다는 점에서 그 가치를 다시금 인정받아야 한다.

평범한 시민들의 관심은 지금의 피해와 지금의 생계이다. 이들이 일본에 대해 큰 반대를 하지 않았던 다른 이유도 여기에 있다. 아관파천 이후 친일 개화파들이 좌천되고, 일본은 조선에서의 이권을 요구할 거점을 러시아에 빼앗겼다. 이준이 귀국할 때 즈음인 1898년 10월 독립협회의 회원들은 다수가 상인들이었다. 이들의 관심은 오로지 자신들의 생계와 관련된 이권 침탈과 경제 문제였다. 일본이 조선의 이권에 손을 대기 어려운 상황에서 이들이 굳이 일본에 대해 극한의 반대를 할 이유가 없었다. 그러나 이들은 경제 문제로 일본과 얽힐 때는 일본에 대한 반대 의견을 적극적으로 표했다. 일본 제일은행권 통용에 대한 반대 의견이 대표적인 예이다.

기존의 사가들은 독립협회가 민중 중심의 모임으로 전환한 것에 대한 이해가 부족하다. 따라서 독립협회의 활동을 단순한 외교적 역학 관계에 빗대어 설명하는 오류를 보여 주고 있다. 이준의 망명 이후 1896년 9월 독립협회는 토론을 통해 민의를 모으는 단체였고, 토론에 많은 인원들이 참여했었다. 배재학당 교사였던 문경호, 협성회의 회원이었던 이승만, 양

48 독립협회에는 온건파(윤치호, 이상재, 남궁억)와 급진파(일본에 있었던 박영효와 관계를 맺은 안정수, 정교 등)가 있었다.

홍묵, 홍정후는 친일 개혁적 배경은 없지만 협성회에서의 토론회 활동으로 독립협회에서 활발한 활동을 펼친 인물들이었다. 이들 중 이승만과 홍정후는 만민 공동회에서의 공개 발언을 통해 여론을 일으키는 일을 했다. 이준은 망명에서 돌아온 후, 이 독립협회에 투신한다.

이일정이 기억하는 별 볼 일 없는 이준과 독립협회

독립협회가 급속도로 성장하고 있는 상황에서 이준은 일본에서 귀국을 하게 된다. 짧은 관직 생활에 있다가 면직과 망명 이후 일본에서 돌아온 그는, 독립협회에서 기본적으로 외세에 저항적 입장을 가지면서, 민중들과 함께하는 역동적인 문화를 체험한다. 정치 사회 개혁을 추구하는 평범한 사람들이 속해 있는 단체를 만나게 된 것이다. 그가 일본에 가기 전에 머물렀던 정동의 법관양성소 맞은편에 있었던 배재학당 출신 교사와 학생들도 이곳에서 만날 수 있었다. 이준은 그의 검사 시보의 명함보다 더 영향력이 있는 운동 한가운데로 자신을 던진다.

이준의 망명 기간에 대해서는 학자들 간에 논쟁이 많다. 학자들은 입을 모아, 이준의 망명 시기는 불분명하지만 1898년경 망명에서 복귀했던 것이 유력하다고 이야기한다. 그 이유는 독립운동 연구의 권위자 신용하의 연구에 이준이 독립협회 주도 세력이라는 언질이 있기 때문이다. 그러나 신용하도 이준과 독립협회의 연관성에 대해 어떠한 근거도 제시하고 있지 않다. 이준의 망명 복귀 시점을 짐작해 볼 수 있는 아직 사용되지 않은 사실이 있다. 그것은 이준의 아내 이일정 여사의 증언이다.

"명성황후가 돌아가시자 일본으로 망명해 계셨습니다. 그러다가 독립협회 때 다시 오셔서 활동하셨어요. 그때 처음으로 조선에도 신문이 생겼지요."[49]

명성황후 시해는 1896년 2월이고, 독립협회의 창립은 1896년 7월이었다. 또한 독립협회가 문을 닫은 것은 1898년 12월이었다. 이일정에 따르면, 이준이 귀국했을 때 조선에 처음 신문이 생겼다고 이야기했다. 이 기억은 조심스럽게 해석을 해야 한다.

이일정은 독립협회가 생길 즈음에 독립신문이 생겼다고 이야기를 하고 있다. 그러나 독립신문은 1896년 4월 창간되었고, 독립협회는 1896년 7월에 세워졌다. 이일정의 언설은 "독립협회 때 다시 오셔서 활동을 하셨고, 독립협회가 존재했던 시기에 조선에 처음 신문이 생겼습니다."라는 말이라 할 수 있다. 이일정은 독립신문을 회상하며 한 기사를 아주 정확하게 기억하고 있다.[50]

실과도 단 것은 버러지가 먹고 사람도 잘나면 흠담이 많다.

그 기사는 1898년 10월 8일자 기사로 "실과는 달수록 새가 찍어 먹고, 사람은 명예가 높을수록 시비가 많다"라는 기사였다. 이일정의 기억은 실로 대단했다. 이일정이 이 기사를 기억한 날은 1932년인데, 틀림없

49 최기영 편, 『헤이그특사 100주년 기념자료집 1: 한국독립운동사자료집』, 289.
50 이일정은 이런 말을 남겼다. "그때 독립신문을 보던 중에서 아직도 영닛치지 않는 한 구절이 있습니다."

이 24년 전 기사를 기억한 것이다. 따라서 이일정의 기억력은 신뢰할 만하다.

이일정의 기억에 따르면, 이준은 독립협회가 존속하던 시기에 한국에 돌아왔다. 그가 적어도 1898년 12월 전에는 한국에 있었다는 말이다. 이일정이 기억하는 독립신문의 기사는 1898년 10월의 기사였다. 그녀는 정확히 이준의 귀국 시점을 짚어 주지는 않았다. 하지만 독립협회가 활동하던 때 이준이 왔고, 독립협회 활동 시기에 독립신문이 발간되었고, 자신이 기억하는 독립신문의 기사가 1898년 10월이라고 증언하고 있다. 정확히는 알 수 없지만, 필자의 추측으로는 '이준이 1898년 10월에 한반도에 상륙했고, 그때 남편의 활동과 동시에 독립신문을 처음 접했으며, 그때 그 기사를 기억하고 있다'고 본다. 정황상의 증거는 또 존재한다.

이준은 1898년 9월 박영효를 만났었다. 최기영의 연구에 따르면, 이준은 박영효의 귀국을 협의할 때 동참했었다.[51] 박영효는 급진적 친일 개화파로, 일본 망명 세력들을 규합해 독립협회의 세를 규합하여 다시 한번 정권을 쥐어 보려 한 사람이다. 이준이 박영효의 의견에 동조하여 한국에 귀국했는지에 대해 확인할 길은 없다. 박영효를 만나고 그의 의견에 의구심을 가졌을지도 모른다. 그러나 적어도 우리가 확신할 수 있는 것은 이준이 1898년 9월까지는 일본에 있었다는 것이다.

그러나 1898년 10월 입국설의 해석을 막는 이야기는 이준의 '와세다 법대 졸업설'이다. 이준을 엘리트로 규정하고자 하는 사람들은 이준이 일본의 명문이라 불리는 와세다 대학에서 법학을 공부했다고 주장한다. 하

51 최기영, "한말 이준의 정치 계몽활동과 민족 운동", 451.

지만 이준이 일본에서 무엇을 했는지는 알려진 바가 없다. 이준이 일본 와세다 대학에서 국제법을 공부하고 돌아왔다는 주장도 있으나, 공식 졸업자 명부에 이준은 존재하지 않았다.

일본에서 김효전 등이 2007년 이준의 행적을 추적해 봤으나, 졸업자 명단에 이준의 이전 이름인 '이선재'는 존재하지 않았다.[52] 네덜란드 헤이그에서 이준 열사 기념관을 운영하는 이기항, 송창주와 기념회는 이준이 와세다 대학 법학부에서 공부를 했다고 주장한다. 하지만 이에 대한 근거는 없다. 학벌이 좋거나 엘리트가 아니면 큰 인물로 인정해 주지 않던 당시 시대상이 반영된 인물에 대한 왜곡된 이해라 생각이 된다.

이준의 아내 이일정 여사는 이준이 와세다 대학을 졸업하지 않았음에 무게를 실어 주는 발언을 했다.

> "재주요? 별로 재주라고 할 것도 없는 사람이에요. 그이는 수재가 아니라 뚝뚝한 사람이었거든요."

이준은 와세다 대학을 졸업하지 않았고, 일본에서 2년 7개월간의 망명을 마치고서 한국에 들어온 것으로 보인다.

이일정은 이준이 망명에서 돌아와 독립협회에 아주 큰 애정을 가지고 있었다고 말했다. 독립협회가 이준이 망명에서 돌아올 당시인 1898년 말에 주로 했던 것은 평범한 사람들이 주도적으로 참여하는 대중 토론을 통해 여론을 모으고, 그 여론을 계속해서 전파해 정부에 압박을 주는 일이

52 김효전의 앞선 논문을 참조하라.

었다.

이준과 같은 '별 볼 일 없는' 사람도 독립협회에서는 별 볼 일 있는 사람이 될 수 있었다. 이일정과 같은 젊은 여인도 독립협회의 활동과 독립신문을 통해 일어나는 일을 알 수 있었고, 정치적인 선택을 할 근거들을 만들 수 있었다. 이일정 여사는 기존의 질서와는 다른 이야기를 하는 '독립신문'의 (어쩌면) 귀여운 애독자였다.

> "내 고견에도 신문을 읽을 때마다 어쩌면 이렇게 훌륭한 글을 쓰는가 하고 … (중략) … 그래서 나는 신문사 구경이 너무 하고 싶어서 젊은 색시 체면에도 불구하고 어떤 날 밤에 몰래 신문사 구경을 갔던 일이 있습니다."[53]

이준은 짧은 독립협회 활동을 마치게 되어 매우 속상했다. 고종이 독립협회에 영향을 주고 있는 박영효 등에 대한 위협을 받고 있었기 때문이다. 왕권의 제한을 주장하는 개혁적인 만민 공동회의 급진적인 주장으로 인해 고종은 다시 한번 어려움을 겪었다. 그러자 고종은 다시 한번 공권력을 이용했다. 독립협회 해산령을 내린 것이다. 이준과 같은 이들이 관직 없이도 나라의 일에 참여하고 적극적으로 활동할 수 있는 장이 사라져 버렸다. 새로운 장에는 양홍묵, 이승만과 같은 협성회의 주요 멤버들이 뛰놀고 있었는데 말이다.

독립협회는 처음 설립 당시 고위 관료들이었던 온건 개화파, 외교통으

---

53 최기영 편, 『헤이그특사 100주년 기념자료집 1: 한국독립운동사자료집』, 289.

로 불리던 정동 구락부 세력, 독립적 관료 세력 등 고위 관료들의 잔치판이었다. 그러나 망명 후 그가 활동했던 독립협회는 1897년부터 민중들이 중심이 된 '토론회'를 중요하게 생각했으며, 민중들이 독립협회를 주도하게 된 1898년 3월 20일에는 협성회 초대 회장인 양홍묵이 서기와 투표로 선출되었다.

즉 협성회의 임원이었던 양홍묵, 이승만, 현제창, 주상호 등이 독립협회를 주도했고, 이준은 소위 배재학당 협성회파가 독립협회에서 활개를 칠 때 독립협회에 가담한 것이다. 때문에 이준은 독립협회에서 신용하가 밝힌 것과 같이 "신흥 사회 세력인 시민층, 성장하는 농민층, 새로 형성되고 있는 노동자 층, 해방된 천인층"들과 함께 조선의 개혁을 도모하고 구국 운동을 벌였다.

이런 사람들의 모임에서는 희망과 기대가 가득했다. 1898년에는 독립협회에서 활동하던 회원이 4,173명에 달했고, 이 활동을 통해 민심을 국정에 대변하는 오늘날의 국회 같은 기관인 '중추원'에 독립협회 소속이 17명이나 임명될 정도였다.[54]

이준과 함께 일본으로 망명했던 이들은 박영효, 유길준, 장박 등의 고관 대작들이었다. 그들과 어울리며 국사를 논하고, 높은 위치에 특권을 누리는 것 또한 이준에게는 아주 가슴 뛰는 일이었을 것이다. 그러나 그는 망명 후 귀국하여 이름 없이 활동할 수밖에 없었다. 고종은 아예 자신의 거처를 러시아 공사관이 위치한 '정동'으로 옮겨 버렸다.

고관 대작들과는 다르게 이준의 동료로서 함께했던 독립협회의 사람

54 신용하, 『獨立協會研究(하): 독립신문 · 독립협회 · 만민공동회의 사상과 운동』, 131.

들은 인간미가 넘치는 평범한 사람들이었다. 이준의 아내 이일정 여사도 그런 화려함과는 거리가 먼 사람이었다. 이준은 민중들과 함께하는 삶을 시작했다. 따라서 이준은 이런 민중 주도적 모임이었던 독립협회의 해산에 가슴 아파했다. 이준은 한동안 상한 속을 술로 달랬다. 독립협회 해산에 맞서 그가 할 수 있는 일은 없었다. 이일정 여사는 속상해 만취한 이준의 모습을 우리에게 전한다.

> "그러다가 독립협회도 깨지고 일이 모두 흐트러진 때, 그이는 홧김에 술을 몹시 잡수셨지요."

그는 서울 사람 이일정이 볼 때 북청 촌사람이었고, 그리 매력적인 인물이 아니었다. 이웃의 부탁을 받은 돈으로 서울에 걸어서 상경할 만큼 출세욕도 있었다고 볼 수 있고, 윤리 의식도 그리 높은 편은 아닌 사람이었다. 상경 후에 백정교회가 있었던 수산물 도매상이라 추정되는 승동의 김재성 대감 집에 머무르며 자신의 아내 이일정을 만났고, 짧은 공직 생활과 일본에서 망명 생활을 한 이후, 어찌하다보니 공직이 아닌 독립협회라는 민중 사회로 들어갔던 것이다.

그러다가 어느덧 그의 나이 40을 맞이했다. 이준의 출발은 늦었고, 그 늦은 출발을 함경도발 인맥으로 메워 보고자 했으나, 일본과 가까운 함경도 개화파들은 아관파천의 철퇴로 인해 일본으로 쫓겨 갔다. 일본에서 짧은 시간을 보내고 국내로 복귀해 독립협회 활동을 시작했지만, 이마저 몇 개월도 안 되서 끝이 난 것이다. 이준의 40세까지의 생활은 결코 아름다운 그림이 아니었다.

이준과 김병시의 연결 고리에 사람들이 집착하는 이유도, 이준의 이런 아름답지만은 않은 삶에서 비롯된 것일 수 있다. 그러나 사실 김병시는 이준과 연결이 어려운 인물이다. 그는 자신의 곤조가 있는 사람이었다. 러시아와 일본의 주도권이 바뀔 때에도 계속해서 정부의 중심에 있었고, 고종과 대원군의 갈등 가운데도 자신의 자리를 계속해서 지킬 수 있는 사람이었다. 그는 죽는 해에도 내각 총리로 활동을 했다.[55] 그는 유길준, 장박 체포를 책임지는 내각 총리였다. 그리고 이준은 유길준, 장박과 같은 일본과 가까운 개화파에 운명을 베팅했다. 이준이 진정으로 김병시의 사람이었다면, 유길준과 장박과 함께 일본으로 도피할 이유가 없다. 김병시가 있었기 때문이다.

결론적으로, 이준은 이제 엘리트에 기대어 고위 관직에 매달리는 삶을 정리했다. 그리고 새롭게 독립협회의 토론을 경험하게 되었다. 고관 대작들의 모의가 아닌, 토론을 통해 의견을 정하고 겁 없이 국정 개혁을 촉구하는 민중들의 모임에 들게 된 것이다. 개화파들은 열린 사고를 가지고 있었지만, 일본의 지원에 일정 부분 의존하였으며 민중들과 함께 국가 개혁을 추구하지는 못했다.

후기 독립협회에 주도적인 역할을 했던 이승만과 주시경, 양홍묵과 같은 인물은 기독교의 영향으로 모든 이들이 평등하다는 생각을 가지고 있

---

55 필자의 주장이 다소 과격하다고 느끼는 독자들도 있을 것이다. 필자도 구체적으로 이준과 김병시의 강한 연결 고리를 보여 주는 자료를 읽어 보고 싶은 마음이 간절하다. 유자후와 이선재는 김병시를 이준과 연결하고 그 증거로 이준과 이일정을 이어 준 사람이 김병시라는 점을 이야기 하나, 정작 이일정은 김병시가 아닌 승동 대감 김재성이 이준과 이일정을 이어 주었다고 이야기한다.

었으므로, 협성회를 대중들이 참여하는 모임으로 만들었다. 이들은 협성학교에서 신분과 관계없이 학우들과 토론회를 조직했고, 평범한 사람들도 충분히 토론회의 '찬성원'으로 찬반 의견을 개진할 수 있음을 경험했던 사람들이었다. 이준은 독립협회에서 자신의 본래 신분인 '별 볼 일 없는 사람'으로서도 무엇인가를 할 수 있다는 희망을 느끼는 매우 중요한 시기를 보냈다.

유감스럽게도, 어떤 역사학자들도 평범한 이준의 아내 이일정 여사의 말과 민중이 주도했던 독립협회와 이준을 엮어 설명하지 않는다. 이준의 실패에 대해서도 비중 있게 이야기를 다루지 않는다. 똥이라도 썩어야 싹을 틔우는 자양분이 된다. 평생 묻히지 않는 고고한 나무는 자신의 아름다움을 뽐낼 수는 있을지언정 새로운 어떤 것을 만들어 내지는 못한다. 이준이 전시용 목재와 같이 항상 아름다운 모습만 보인 것은 아니다. 이준은 실패했고 정세를 잘못 읽어 잘못된 사람들과 함께했다. 그리고 그는 그 결과를 맞이할 수밖에 없었다. 썩고 썩고 또 썩은 것이다. 그 썩음 끝에 독립협회에서 활동할 수 있었다.

46세 이준, 다시 한번의 몰락

러시아는 기세를 이어 1900년 만주를 점령했다. 일본은 러시아의 팽창에 위협을 느끼는 영국과 동맹을 맺어 러시아의 확장을 저지하고자 했다. 미국도 영국의 길을 따라, 아시아에서 일본의 편이 되어 주었다. 러시아와 가까운 위치에 있는 독일은 러시아의 확장의 방향을 유럽보다는 아시아 쪽으로 몰아가고자 했다. 크게 보면 국제 정세는 러시아·독일과 영국·미국·일본의 싸움이었다.

한반도와 가까운 요동반도에 영유권을 확보했던 일본은 러시아의 만주 진출에 대한 불만을 가졌고, 한반도와 만주를 두고 러시아와 협상을 벌였다. 한국의 입장은 전혀 고려되지 않은 아주 치욕스러운 일이었다. 그러나 후쿠자와 유키치의 일본은 '신뢰'보다 '대포 한 방의 힘'을 믿는 나라였다. 일본은 1904년 2월 8일 인천 앞바다에 정박 중인 러시아 함선 두 대를 공격하며 전쟁을 개시했다. 가장 강력한 국제 관계의 변화를 추구한 것이다. 미국과 영국은 일본을 후방에서 도왔다.

독립협회가 해산된 1898년 말 이후 묘연했던 이준의 행적은 1904년부터 밝히 드러난다. 이준은 적십자회를 설립해 러시아와 일본 간의 전쟁

중에 있는 일본 군인을 돕고자 했다. 학계에서는 이준의 적십자사 설립 행위를 친일과 연결 짓는다.

〈러일 전쟁의 전쟁터는 주로 한국이었다. P. F. Colier & Son–Russo–Japanese War〉

독립협회 활동이 마무리되고 나서도 이준에게 있어 일본은 여전히 도움이 되는 존재였다. 그는 독립협회 활동을 했었지만, 그것이 개화파 활동의 종료를 의미하지는 않았다. 엘리트 개화파 세력들은 여전히 일본에 무사히 머물러 있었다. 친러 정권은 독립협회가 지속적으로 국가 개혁에 관여하는 것을 막았다. 그리고 러시아는 일본에 이어 한국의 이권을 침탈시켜 민중의 삶을 고달프게 만드는 존재로 자리매김해 갔다.

여기서 우리는 '친일파'라는 절대 악에 대해 다시 한번 숨을 고르고 생각해 볼 필요가 있다. 우리는 언제부터 일본을 추종했던 사람들을 용서받지 못할 친일파라고 부를 수 있을까? 또 어느 정도까지 일본을 추종했던 사람들을 친일파라고 부를 수 있을까? 이준과 같이 간접적으로 일본의 1905년 을사조약 성립을 도운 개화파의 무리들은 용서받지 못할 민족적 상처를 준 친일파라고 보아야 할까? 아니면 그전까지 아무것도 모르고 장박과 김학우 등을 따라 일본에서 배운 것들로 국가 개혁을 도운 어쩔 수 없는 평범한 한 사람으로 보아야 할까?

그렇다면 고종을 도와 '수구파'로 불리는, 개혁을 저지하고 후진적인 왕권 집중 체제를 고수하고자 했던 몰락한 친청파와 친러파는 어떻게 생각해야 할까? 이들은 친일 개화파와 대비된 존재들이었고, 이들의 행동은 1896년부터 러시아 및 여타 국가들의 한국 이권 수탈의 교두보가 되어 주었다. 이 친러 수구파는 그럼 긍정적인 존재들일까?

필자는 이러한 파를 가르는 분열과 증오의 역사 쓰기에 대하여 의문을 던진다. 지금 우리도 계속해서 역사적인 선택들을 해 나가고 있다. 2023년 6월 현재 후쿠시마 원전에서 나온 물을 방류하는 것과 관련하여 찬성이냐 반대냐의 의견이 갈린다. 중국과 미국에 대한 태도에 대해서도 양거대 정당의 의견이 갈린다. 이준의 시대에도 마찬가지였다. 일본을 택할 것인가, 러시아를 택할 것인가? 이들은 그 이후에 있을 일까지 예측할 수 없었다. 당시 주어진 것을 가지고 선택할 뿐이었다. 선택 이후에 우리가 집중해야 할 것은 선택의 과정들을 곰곰이 되돌아보며 다음 선택을 위한 지혜를 얻는 일이다. 반성의 공간을 주지 않는 지나친 비판은 실수한 자가 다른 선택을 할 여지를 주지 않게 된다.

이준을 비판하기는 쉽다. "아니, 이준이 일본의 검은 흑내를 모르고서 계속 친일 개화파의 입장을 유지했다는 말이야?"라고 소리를 지를지도 모른다. 그러나 상황이 그리 간단하지만은 않다. 이준의 입장에서도 이해가 필요하다. 일본은 이권 수탈을 계속 했지만 한국 개혁을 지지했었다. 고종은 개인적으로 윤리적 문제가 있었고, 전제 왕권은 사회를 효율적으로 관리하지 못했다.

이준은 1904년 일본이 지지하는 개혁을 택했다. 그는 독립협회의 민중 지향적 힘을 경험하고 배재파 기독교계 개혁 세력을 경험하기는 했지만, 여전히 일본의 호감을 사고자 했다. 일본은 내정 개혁을 명분으로 조선을 보호국화하려 했지만, 이준에게 일본은 여전히 한국의 독립을 보장해 줄 국가였다. 그래서 러일 전쟁이 발발한 이후, 이준은 일본인 부상병들을 돕기 위해 적십자사를 설립했다.[56]

동지의연소(적십자회)를 1904년 3월 20일에 조직한 이준은 일본 부상자 치료를 위해 모금했다는 명목으로 1904년 체포되어 감옥에 들어가게 되는데, 그 죄목이 "외탁충애, 내격인심"이었다. 고종을 보호하는 러시아 대신 일본을 도왔다는 것이다. 즉 나라 밖에 세력들에게 의지하는 것에는 힘을 쓰지만, 나라 안의 사람에 대해서는 마음을 쓰지 않는다는

56 최기영, "한말 이준의 정치 계몽활동과 민족 운동", 454.

죄목이었다.

이준은 1904년 3월 적십자회의 다른 이름인 동지의연소를 조직할 때 이런 글을 남겼다.

> 유아 대한 제국은 독립에 갑오년 일본과 청국과 전쟁 후 독립이 반포되어, 상금 부진하다가 갑진년에 이르러 일본이 러시아와 전쟁을 시작하여 한청 양국의 독립을 존중할 일로 대의를 성명하여 열국에 공포하고 많은 돈과 대군을 징발하여 침투 부대가 생명을 아끼지 아니하고 간과 내장을 땅에 쏟아 내어 격전승첩하는 때를 당해서 무릇 우리 한국 사람은 어찌 늦게까지 잠잠하여 남의 환난을 예사로 보아 넘길 것과 같이 하리오. 무성한 사람이 동지 권고문을 발간해서 일반 국민의 독립을 사랑하고 정성어린 힘으로 일본에 대해서 감정을 표시를 더하려 함이다.[57]

이준의 사고관으로는 조선은 오랫동안 지속되어 왔던 청으로부터의 영향을 드디어 끊어 버리게 되었는데, 이 청의 영향에서 벗어날 수 있었던 것은 바로 일본이 갑오년 청일 전쟁에서 승리했기 때문이었다. 즉 이준에게 있어서 조선의 발전을 가장 크게 막아 온 것은 조-청 사대 관계였다. 조-청 사대 관계를 구축하는 사상적인 축은 유교적 사고관이었다. 이준에게 있어 일본을 추종하는 계획관이란, 유교적 사고관이 끝나고 일본이 추구하던 과학과 이성에 근거한 세상의 추구였던 것이다. '개화파'라는 전혀 존재하지 않았던 정치 세력이 국가를 빠른 속도로 변화시켜 나갔

57 위의 논문, 455.

던 것은 이준에게 있어 '독립의 꽃향기'를 맡게 해 준 그런 시간이었다.

그러나 이준은 친러 고종의 권력 장악을 견제하고 한국을 자유롭게 해 줄 것처럼 보이는 일본의 깊은 속내를 알지 못했다. 일본이라는 나라를 끌어 가는 그 꿈틀대는 국가 정신에 대해 비판적인 생각을 하지 못했던 것이다. 후쿠자와 유키치와 같은 인물의 조선에 대한 멸시적인 인식은 앞서 언급한 바 신문 등에서 공개적으로 밝혔던 것이었지만, 이준은 이런 것을 전혀 접하지 못했던 것 같다.

개인적으로 러시아에 대한 부정적인 인식도 이준의 선택에 한 몫을 했을 것이다. 결혼한 이준은 장박의 도움으로 법관 양성소에 가서 검사 시보가 되었지만, 검사의 맛도 보기 전에 친러 고종이 친일 개화파를 몰아냄으로써 졸지에 실업자 신세가 되었다. 이런 이준이 러시아의 적국이라 할 수 있는 일본을 지지하는 것은 이해를 못 할 바가 아니다.

현재 북한에 대한 증오가 심한 사람들은 반작용으로 한미 동맹을 강력하게 지지하고, 미국이 6·25 전쟁의 원인이 되었다고 믿는 사람들에게는 미국의 사실상 적성국이라 할 수 있는 중국과의 밀월을 지지한다. 여기에 노태우와 같은 독특한 리더십은 두 나라 사이에서 줄타기를 할 수 있는 북방 정책을 통해 한미 동맹과 러중과의 경제 교류라는 불안한 동거를 만들어 내기도 했다.

이준이 일본을 지지하였던 그의 동지의연소(적십자회) 선언서에 나타난 인종주의적 사회 진화론적 사고방식이다. 일본이 한국을 불법으로 병합하기 전 서재필 역시 독립신문에서 사회 진화론적 인종주의를 여러 번 표했다. 그는 서양인-일본인-조선인-청국인의 인종적 순위를 매겼고, 국민의 교육을 통해 일본인을 극복해야 한다고 이야기했다. 소위 말하는 일본을 통한 극일(克日)을 추구했다고도 볼 수 있다.

〈러일 전쟁에서 부상당한 일본인 군인을 들것으로 실어 나르는 사진, 1904년〉

사실 이러한 사회 진화론적 인종주의 사상은 당시 동서양을 막론하고 널리 통용되었다. 못난 민족은 잘난 민족의 가르침과 이끎을 받아 부족함을 극복해야 한다는 단순한 원리였다. 이준은 헤이그에 가기 전까지 이런 사상을 계속 유지했다.[58]

그러나 민족적인 과학 기술, 문화, 외교, 군사 등의 발전이 이들의 도덕적인 발전을 가져온 것은 아니었다. 이런 식의 인종주의적인 사회 진화론

58 위의 논문, 470.

적 사고방식은 부도덕하고 강압적인 침략을 정당화시켜 주는 하나의 이유에 불과했다. 즉 "힘이 세고 똑똑한 내가 너와 오랫동안 다니면서 너를 때리고 네 돈을 지속적으로 갈취할 건데, 그래도 네가 나와 같이 다니면 배우는 게 조금 있기는 할 거야. 그게 뜯기는 돈의 값어치보다 클 거야." 라는 식의 사고방식이었다.

실제 돈을 뺏기고 맞기 전까지는 이것이 얼마나 심할지 예측하기는 어렵다. 우리의 개혁 세력들은 '개혁'에 지나치게 몰두한 나머지 '빼앗기는 것'에 대한 생각을 치밀하게 하지 못했다. 일본의 미우라 공사 명성황후 살해를 주도적으로 기획했었어도 이들은 개혁에 너무 집착했다. 차라리 "내 밥줄을 건드리는 놈들은 일본이나 러시아나 다 용납 못한다."라는 독립협회의 다수 회원들의 입장이 지금에 와서는 더 적합한 입장으로 보이기도 한다.

그렇게 이준은 감옥에 수감된다. 풀리지 않아도 너무나 풀리지 않는 인생이었다. 1904년은 이준이 46세가 되는 해였다.

감옥으로부터의 사색

이준은 그렇게 1904년 3월에 감옥에 수감되었지만, 이후 같은 해 6월에 출감하였다. 이준은 감옥 생활에서 이승만이 운영한 옥중문고를 경험하게 된다. 옥중문고의 소장 도서는 250권가량 되었다.[59] 당시 이승만의 옥중문고는 도서 대출 내역을 기록해 두었는데, 이를 살펴보면 이준은 신학편찬, 공법편람, 자서저동, 신정책 등을 읽었었다.[60] 그러나 이준이 감옥에서 누구와 어떤 이야기를 나누었는지에 대해서는 전해진 바가 없다.

〈이승만의 옥중 생활이 자세히 연구된 유영익 선생의 저서 표지〉

그 감옥에서는 정치인들의 대규모 기독교로의 개종이 있었다. 이승만도 훗날 하와이 신한일보와의 인터뷰에서 자신의 개종이 옥중에서 있었

59 서정민, "구한말 이승만의 활동과 기독교(1875~1904)", 연세대학교 교육대학원, 석사학위논문, 1987, 249.

60 최기영, "한말 이준의 정치 계몽활동과 민족 운동", 456-457.

다고 밝힌 바가 있다.[61] 이준과 같이 적십자 사건으로 수감된 이현석과 정순만이라는 사람도 있었다. 정순만은 이후 1906년 헤이그 특사 중 한 명이었던 이상설과 형제로 불리며 간도 용정에서 서전서숙(瑞甸書塾)을 함께 설립하기도 했다.[62] 이준의 동료들은 감옥에서 기독교 서적들을 여러 권 대출해 읽었다.[63] 이준이 직접적으로 기독교 서적을 빌린 기록은 없으나 이들로부터 기독교에 대한 여러 이야기를 접했을 가능성이 농후하다. 이승만 등이 주창한 기독교 사상은 이준이 망명 생활을 마치고 귀국한 해인 1898년 5월 28일자 『매일신문』에 잘 나타나 있다. 그가 믿었던 기독교 사상을 기본적으로 네 가지로 요약할 수 있다.

1) 미신과 우상을 버리고 문명을 부강하게 하는 것

2) 임금과 신하, 백성이 서로 사랑하며 위하는 것

3) 사람들이 신분에 관계없이 평등한 것

4) 하나님을 두려워하며 정직하게 자신의 위치에서 최선을 다하는 것

이승만은 대표적인 기독교 국가로 미국과 영국을 언급하며 예수교를 믿는 것이 조선을 부강하게 하는 힘이 될 것이라고 이야기한다. 즉 이승만은 기독교를 일본을 거치지 않고서 서구 사회의 수준까지 민족성을 끌

61 이승만은 한성 감옥에서 개종했다고 스스로 밝혔지만, 한성 감옥에 가기 전부터 이미 기독교 신앙의 핵심에 대해 이해했고 이를 신문 등을 통해 다른 이들에게 전했다.

62 박걸순, "溥齋 李相卨의 독립운동론과 독립운동", 『한국독립운동사연구』 제60집 (2017), 59.

63 서정민, "한성감옥에서 예수를 믿은 정치가들", 『기독교사상』 (1996). 김일환, "김정식의 옥중 기독교 입교와 출옥 후 활동", 『한국기독교와 역사』 제57집 (2022). 유영익, 『젊은 날의 이승만』 (서울: 연세대학교 대학출판문화원, 2022).

어울릴 수 있는 좋은 수단이라고 믿은 것이다. 이런 사상은 19세기 독일의 신학자들에게서도 통용되던 사상이었다. 독일의 헤겔 학파는 "기독교는 도덕적 문명 발달 단계에서 이미 문명을 증진시킨 역할을 했고, 이성을 중시하는 자유주의의 시대가 도래했기에 기독교의 역할은 이미 종료되었다."라고 말했다. 이승만이 헤겔을 알고 있었는지는 모르겠지만, 기독교가 한민족 발전의 견인차 역할을 할 것이라는 굳건한 확신이 있었다. 이준의 입장에서 이런 의견은 아주 솔깃한 의견이 될 수 있었을 것이다.

〈한성 감옥 수감자들, 맨 왼쪽이 이승만이다〉

이준은 일본에 망명을 하고서 친일적 개화파와 힘을 합쳤다. 물론 일본인들의 수탈은 철도 부설권, 광산 개발, 어족 자원, 농산물 등 가릴 것이 없었지만, 이런 수탈에도 일본은 청나라와 조선의 군신 관계를 종료하고 한국을 유교적 사고방식에서 벗어나게 만들어 준 잠시 고마운 나라이기도 했다. 따라서 이준은 이전까지는 어찌 보면 '울며 겨자 먹기' 식으로 일본을 추종했을 것이다. 그러나 기독교는 고대 이스라엘이라는 나라에서 시작한 종교로서 이 종교의 경전인 성경은 억압을 받기도 한 유대 민족이 하나님의 힘을 입어 약속의 땅으로 가는 이야기가 담겨 있고, 하나님에 대한 순종, 공평과 정의, 약자에 대한 사랑과 보살핌이 국가의 존망과 직접적으로 연관되어 있는 역사적인 사례들을 보여 주므로, 이준이 보기에 이승만 등이 수용했던 기독교적 사고관은 굳이 일본을 거치지 않더라도 발전과 독립을 훗날 가져올 수 있는 가능성을 가지고 있었던 것이다.

실제로 이준은 기독교를 아주 가까이 접할 수밖에 없었던 감옥 생활 3개월 이후 일본에 대한 입장이 급격하게 바뀐다. 이준은 이제까지 버릴 수 없었던 일본이라는 카드를 버린다. 이준의 입장에서 일본이라는 카드가 이제 더 효용이 있어지기 시작했는데 말이다.

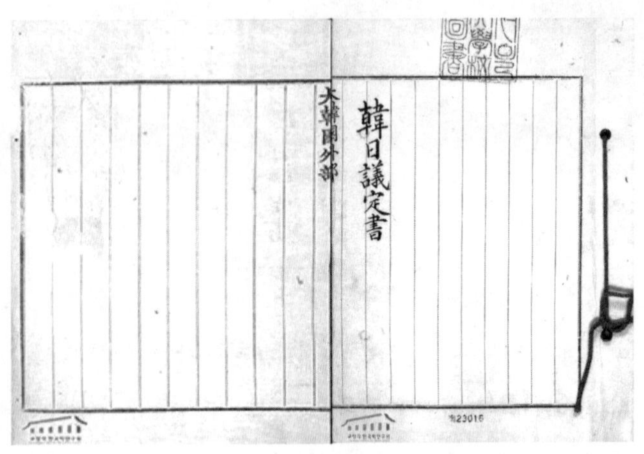

〈**한일 의정서, 1904년**〉 출처: 규장각 한국학연구원

1904년 벌어지고 있던 러일 전쟁에서 일본은 2월 서울을 점령하고, 기다렸다는 듯이 2월 23일 한일 의정서를 체결했다. 일본은 "여러 번에 걸친 교섭 시도가 좌절되자 최종적으로 군사력을 동원하여 한국 측에 조약 체결을 강하게 요구"[64]하였다. 의정서의 골자는, 일본은 한국의 독립을 보장하니 고종은 일본의 조언을 듣고 일본의 간섭을 받아야 한다는 것이었다. 고종은 중립화를 추진했지만, 일본은 제2의 아관파천인 일어날 것을 염려해 군사력을 동반한 조약을 체결했다.[65]

개화파들은 일본의 조약으로 인해 국내 정사에 개입할 명분을 얻었다. 하지만 일본은 그들이 믿는 조약의 힘보다는 역시 주먹 한 방을 믿었다. 당시 한국에는 일본군 보병 1개 대대, 후비 보병(예비군) 5개 대대가 주둔했다.[66] 주둔군 사령부는 1904년 7월 2일 민간들에 대한 통치 권한이 담긴 '군률'을 반포했다.[67] 군률에서는 군용품에 대한 피해를 끼친 경우 사형, 군용품을 은닉하는 것도 사형이었다. 가해자가 도피할 경우, 지역 촌장이 "태형 혹은 구류형"을 대신 받게 되었다.[68] 무력을 동반한 강압 통치의 장치가 설치된 것이다.

일본은 강제로 인부들을 징발했고, 군중들은 크게 반발했다. 이준이 출소한 지 3개월 이후인 1904년 9월 14일 경기도 시흥에서 경부철도 인부 징발에 대한 반발로 군수와 일본인 2명이 죽었다.

이준 개인의 입장만 놓고 봤을 때, 일본에 대한 입장 변화보다는 입장

---

64 오가와라 히로유키, 『이토 히로부미의 한국 병합 구상과 조선 사회』, 77.
65 위의 책, 89.
66 운노 후쿠쥬, 『일본의 양심이 본 한국병합』, 연정은 옮김 (서울: 새길아카데미, 1995), 135.
67 위의 책, 136.
68 위의 책, 136.

유지가 더 유익했다. 일본은 조선을 점령했고, 이준도 계속해서 이런 식의 자세를 유지한다면 일본 망명 개화파였던, 박영효, 유길준, 장박과 같이 일제 치하에서 그들에게 부역하며 부와 명예를 쥘 수 있었다. 망명파 개화파들은 상당수 친일 인명사전에 올라가 있다. 그의 앞을 끌어 주었던 장박은 추후 일본으로부터 남작 작위를 받고, 조선총독부 자문 기구였던 중추원의 고문에 임명되었다. 그는 "친일 반민족 행위자"라는 딱지를 받았다.

그러나 감옥에 다녀온 이준은 이제 다른 사람이 되었다. 이준은 더 이상 일본을 위해 일하지 않았다. 공진회가 추구한 것은 황실의 위신 존중, 정부의 명령과 법률 내에서만 복종, 인민의 권리 신장 이 세가지였다. 이준은 대표적 친일 어용 단체 일진회에 맞서는 공진회에서 활동했다.

일진회는 일본의 어용 단체라는 비판도 있지만, 다른 한쪽에서는 한국의 실력 양성을 위해 힘쓴 단체라는 평가도 공존한다. 일진회와 공진회는 실력 양성이 필요하다는 공통의 분모를 가지고 있었는데, 이 두 단체의 큰 차이 중 하나는 황실에 대한 입장이었다.

공진회는 이미 가지고 있던 한국의 고종을 필두로 한 정치 체계 유지가 필요하다고 보았으나, 일진회는 고종의 권한이 축소되어야 한다고 주장했다. 고종은 일본과의 조약 체결에 있어 대등성을 유지하기 위해 많은 노력을 기울였으며, 일본을 견제하는 왕이었기에 일본에서는 공진회보다는 일진회와 가까운 관계를 유지했다. 따라서 이준이 공진회에 몸을 담는 것은 이준의 대일관 변화가 이미 시작되었다는 것을 뜻한다. 그는 일본의 지배적인 영향이라는 큰 대세를 거스르기 시작했다.

일본의 논리는, 한국은 실력이 부족함으로 국가의 보존을 위해서 일본의 보호가 필요하다는 것이었다. 하지만 그들의 숨은 의도는 따로 있었다. 1904년 한일 의정서 체결 이후 일본이 세운 방침은 "제국은 한국에 대해서 정치상 및 군사상으로 보호의 실권을 확보하고, 경제상으로 점차 우리가 가진 이권의 발전을 도모한다."[69]였다. 오가와라 히로유키는 이렇게 설명한다.

> (일본은) 한국이 '도저히 오래 그 독립을 유지할 수 없기' 때문에 보호권 설정을 추진하였다. 따라서 「한일 의정서」에서 일정 정도의 한국 보호권을 수중에 넣은 일본은 '한층 더 나아가 국방, 외교, 재정 등에 관하여 한층 확실하고, 또 적절한 조약 체결과 설비를 성취한다. 그리하여 그 나라에 대한 보호의 실권을 확립한다. 또한 이와 동시에 경제상 각종 관계에서 모름지기 필요한 권리를 취득'하여 한국 경영을 추진하는 것으로 설정했다.[70]

1904년부터 시작된 일본의 이권 침탈은 일부 지역의 가혹한 군정을 통해 실체적으로 드러나기 시작했다. 그리고 러일 전쟁에서 일본의 승리로 인한 '포츠머스 조약'은 러시아를 통한 일본의 견제를 어렵게 만들었다. 포츠머스 조약이란 1905년 9월 러시아와 일본이 전쟁을 종결하기 위해 체결한 조약으로서, "러시아는 일본이 한국에서 정치상, 군사상 및 경

---

69 오가와라 히로유키, 『이토 히로부미의 한국 병합 구상과 조선 사회』, 88.
70 위의 책, 88.

제상의 특수한 이익을 갖는다는 것을 승인하고 일본 정부가 한국에서 필요하다고 인정하는 지도, 보호 및 감리의 조치에 대해 방해하거나 간섭하지 아니"할 것을 규정했다.[71] 이제 일본의 한국 병합은 돌이킬 수 없는 수준으로 되어 버렸다.

이준의 태도 변화에 대해 역사가 이만열의 주장도 귀 기울여 들을 필요가 있다. 이만열은 일본이 황무지 개척권을 취득한 것이 이준을 반일로 돌아서게 했다고 추정한다. 일본은 무상으로 한반도의 30퍼센트에 달하는 황무지 개척권을 요구했다. 그러나 그들은 황무지 개척권만 추구하지 않았다.

이준의 고향 함경도에서도 수탈을 위한 지배가 시작되었다. 이준의 출소 5일 후인 1904년 10월 8일, 일본의 점령지 내 군정이 실시되었다.[72] 함경도 인맥으로 검사 시보에 임명이 되었고, 함경도 출신 장박과 함께 일본으로 망명을 했던 이준은, 자신이 동경하던 일본이 함경도에서 가혹한 군정을 실시하는 것에 대해 적지 않은 충격을 받았을 것이다. 군정은 가혹한 형벌을 지배의 근간으로 삼는다. 이준은 적십자회를 통해 일본을 도왔다는 이유로 감옥 생활을 하였고, 출옥하여 일본의 이권 침탈을 목도한 이후 일본에 대한 태도를 완전히 바꿨다. 이후 종교계 독립운동가들이

71 우리역사넷, "포츠머스 조약", 2023. 7. 4. http://contents.history.go.kr/mobile/tg/view.do?subjectCode=&tabId=&ganada=&pageUnit=10&levelId=tg_004_1230&whereStr=%40where+%7B+IDX_TITLE%28HASALL%7C%27%ED%8F%AC%EC%B8%A0%EB%A8%B8%EC%8A%A4%27%7C100000%7C0%29+or+IDX_CONTENT%28HASALL%7C%27%ED%8F%AC%EC%B8%A0%EB%A8%B8%EC%8A%A4%27%7C100%7C0%29+or+IDX_ALL%28HASALL%7C%27%ED%8F%AC%EC%B8%A0%EB%A8%B8%EC%8A%A4%27%7C1%7C0%29+%7D

72 운노 후쿠쥬, 『일본의 양심이 본 한국병합』, 136–137.

모인 국민 교육회[73] 및 헌정 연구회에서 활동했는데, 일본 개화파들과는 완전히 손을 턴 것이다. 이준과 함께 했던 인물은 윤하영과 양한묵이었다. 윤하영은 독립협회 출신 인물이었고, 양한묵은 이준이 일본에 머물렀던 시기에 일본에 있었다. 양한묵은 외세에 투쟁적이었던 동학교도였다.

1904년 이준은 다시 한번 재판을 받게 된다. 이준은 왕의 주관적 통치보다는 법치주의에 의한 통치를 '공진회' 활동을 통해 요구하게 되었다. 이준이 요구한 것은 "대궐 안에 잡인의 출입을 금함"[74]이었다. 왕권 약화의 위협을 견디지 못한 고종은 부담감을 느꼈고, 결국 이준은 다시 한번 체포되어 12월 26일 무기 징역 선고를 받고[75], 다시 감옥에 수감된다.

공진회의 활동은 세간의 큰 관심을 모았다. 공진회의 활동 기간은 채 한 달여도 안 되었지만, 이준은 과감하게 왕실이 법치하에 있어야 함을 주장했고 감옥에 가는 것 또한 두려워하지 않았다. 그는 유배형을 받아 1개월간 유배를 한 후 1905년 1월 20일 풀려났다.[76] 유배는 끝났지만, 공진회는 얼마 지나지 않아 2월 초 폐쇄되었다.[77]

이준은 첫 번째 출소 이후 양심에 따라 자신의 목소리를 낼 수 있는 사람으로 변했다. 그는 이후 국민 교육회의 회장이 되어 정치 교과서를 작성하고자 정부의 허가를 요청했으며,[78] 5월 26일경 공진회에서 같이 활

---

73 국민 교육회는 1904년 8월 24일 동대문 안련동에서 윤치호, 어윤덕, 이원긍 등이 설립을 했다. 윤치호는 독립협회 회장 출신이었기에 이 국민 교육회는 출범 당시 큰 주목을 받았다. 이준이 1905년 10월 회장으로서 정치 교과서 발간을 위해 국가에 허가를 청원했던 기록이 있다.

74 최기영, "한말 이준의 정치 계몽활동과 민족 운동", 459.

75 『황성신문』, 1904년 12월 28일 보도.

76 『황성신문』, 1905년 1월 20일 보도.

77 『황성신문』, 1905년 2월 2일 보도.

78 『제국신문』, 1905년 5월 3일 보도.

동했던 이들과 헌정 연구회를 만들었다.

이때 이준의 아내 이일정은 이미 이준의 태도 변화를 받아들이기 위한 준비를 하고 있었다. 이준의 독자적인 행보가 가져올 위험을 대비해야 했기에, 1905년 6월 안현동에 있었던 한성은행 윗 모퉁이에 "부인 상점"을 연다. 이일정은 당시 "시국의 간우함과 본국 여자가 규중에 들어 앉아 남자에게만 의지(원문에는 의뢰)하는 것을 한탄하여, 산술과 기부(필자 주: 오늘날 부기)하는 법과 상업 이치의 매기를 학습한 후에 그 상점을 배설하여 부인 상점에 업장이 되고자 함이라더라."[79]라고 밝혔다. 이준은 '감옥'이라는 학교 생활을 마친 이후, '친일 개화파'라는 자신의 정체성을 완전히 청산했다.

79 『황성신문』, 1905년 6월 16일 보도.

스크랜턴 선교사와 전덕기 전도사

이후 이준은 다양한 활동을 했다. 하지만 이준이 헤이그 특사로 가게 된 것의 가장 주요한 역할을 했던 것은 천민 출신 목사 전덕기 때문이었다. 전덕기는 이준과 같이 어린 나이 아홉 살에 부모를 여의었다. 그런 그는 숯 장수 삼촌에게 입양되어 함께 살아가게 되었다. 그는 아주 가난했으면서도 매우 총명했다고 전해진다. 그는 17세 청소년기에 미국 감리회 선교사 스크랜턴을 만나게 되는데, 여기에서 우리가 중요하게 생각해야 하는 것은 스크랜턴의 어머니가 이화학당을 세웠다는 사실이다(스크랜턴의 어머니는 정동 이화학당을 세워 이준의 아내를 가르쳤고, 스크랜턴은 1885년 정동에서 시병원을 만들었다).

당시 여성들은 교육에서 완전히 소외되어 있었고, 극히 일부를 제외하고는 가정을 넘어서 사회적으로 어떤 역할을 할 수 있는 존재들로 기대되지 않았다. 공식적으로 과거(科擧)를 볼 수 있는 자격도 없었고, 항상 남성 뒤에 서 있어야 하는 가장 억압받는 이들이었다.

어머니 메리 스크랜턴 선교사는 이런 여성들을 교육하여 여성들이 자신들의 인생을 개척할 수 있도록 도왔다. 바로 이 이화학당에서 이준의 아내는 10대의 어린 나이에 교육을 받았다. 이후 이준과 결혼한 이일정은 해야 할 말을 올곧게 하는 소신 있는 여인으로 삶을 살아갔다. 이일정이 이화학당을 만나지 못했다면 그런 모습을 보여 주지는 못했을 것이다. 그녀는 남편이 체포되어 끌려갔을 때, 공진회에서 겁을 먹고 있는 콧대 높았던 남성들에게 목소리를 높여 꾸짖었다. 이준이 친일 개화파의 딱지를 떼어 버린 1905년에는, 전통적인 여성상을 포기하지 않은 채 가족을 위해 고루한 유교적 남성들의 시선을 정면으로 거스르며 서울 시내에 당당히 가게를 차리고 운영했다. 헤이그 특사 이후 남편의 시신을 찾지 못했을 때에는 러시아와 중국으로 직접 시신을 찾기 위해 험난한 여정을 떠나기도 했다. 그녀는 메리 스크랜턴의 제자였다.

이 메리 스크랜턴의 아들, 윌리엄 스크랜턴 선교사는 정동에 세운 자신의 병원을 남대문 상동으로 옮겼다. 정동은 본래 가난한 조선인들이 살아왔지만, 점차 해외 공사관들과 그들이 살고 있는 거주지, 그리고 병원과 선교사들의 학교들이 들어서기 시작했다. 하지만 상동은 대다수 평범

〈윌리엄 스크랜턴 부부와 그들이 처음 설립한 시병원〉

한 사람들이 살고 있는 곳이었다. 이렇게 이름도 없이 천대받으며 살아가는 여성을 위해 교육 기관을 설립한 그의 어머니와 가난한 이들이 밀집되어 있는 남대문 상동으로 병원을 옮긴 아들의 행보에 큰 차이가 없었다.

윌리엄 스크랜턴 선교사는 그곳에서 상동교회를 개척하게 된다. 이 상동교회는 헤이그 특사에게 있어 아주 결정적인 역할을 한 곳이다.

〈메리 스크랜턴 여사와 그녀가 설립한 이화학당〉

〈1904년 남대문의 풍경〉

출처: George Rose, Adelaide University

〈1900년대 초반 촬영된 남대문의 모습. 이탈리아 영사 Carlo Rossetti가 촬영했다.〉

〈상동교회당. 상동교회당은 가난한 이들이 즐비한 남대문 일대에 지어졌다. 1900년대 초반에 촬영한 사진〉

헤이그 특사에 관하여 작성된 몇몇 서적들은 지나치게 이준과 이상설을 미화하는 경우가 있다. 그래서 이준 열사를 '호법신'이라고 표현하기도 한다. 그러나 우리가 앞서 살펴본 바, 수감 이전 이준의 삶의 행적을 두고서 긍정적으로 평가하기란 쉽지 않다. 그는 수감 이후, 기독교를 비롯해 종교계 인물들을 만나 많은 변화를 경험했다. 그리고 그의 인생에 가장 의미 있는 일이었던 헤이그 특사 파견에 있어서 상동교회의 전덕기가 주도적인 역할을 맡는다.

〈전덕기 목사〉

전덕기에 관한 연구는 전택부, 홍이섭, 김진호, 현순, 이덕주 등이 수행했는데, 이덕주는 30여 년간 전덕기 연구에 대한 꾸준한 소출을 내고 있어 이만열 등에 의해 그 권위를 인정받고 있다. 필자는 이덕주의 자료에 근거하여 전덕기의 삶을 소개하고자 한다.

전덕기는 서울 정동에서 태어났다. 그의 아버지의 이름은 '전한규'였고 어머니의 성씨는 임 씨였다. 그는 9세가 되던 해 부모님을 여의었고, 숯 장수인 삼촌의 양자가 되었다. 숯 장수 집안은 양반 집안과 거리가 멀었기에 어릴 적 매우 가난하게 살았으며, 외국인들에 대한 반발감도 있어 (훗날 자신과 함께 일할) 정동에 병원을 세운 스크랜턴 선교사와 성경 공부를 하는 사람들에게 돌을 던져 모임 공간의 유리창을 깨기도 하면서, 모임을 마치고 나오는 이들을 향하여 공개적으로 모욕을 주기도 했다. 김진

호 목사에 따르면, 전덕기는 "어릴 때에 몹시 불량하여 사람을 잘 때리"는 사람이었다.[80]

서양 외국인 선교사에게 돌을 던진 것에 대해 대수롭지 않게 생각하는 사람들도 있을 것이다. 하지만 이런 행동은 분명 인종 차별적인 행동이고 당한 사람의 입장에서는 평생의 상처가 될 수도 있는 고통스러운 일임이 분명하다. 선교사도 인격을 갖춘 사람이다. 누군가 한국인이 외국 여행 중 얼굴에 돌 맞는 장면을 유튜브 영상에서 보았다면 화가 많이 날 것이다. 17세 전덕기는 단순히 장난꾸러기 아이 정도가 아닌 소위 말하는 교양을 갖추지 못하고 유교를 핑계로 타인종을 괴롭히는 그야말로 위협적인 청소년이었다.

그런데 스크랜턴은 이런 위협적인 상황을 견뎠다. 자신에게 돌을 던진 전덕기에게 호의를 갖추어 대해 주었고, 그에게 교육을 제공해 주기로 했다. 스크랜턴 선교사는 보통의 서양인과는 다른 사람이었다. 미국 예일 대학을 졸업하였고, 뉴욕 의과 대학에 진학했던 사람이었다. 당시 미국의 분위기는 한국인에 대하여 그리 호의적이지만은 않았다. 한국의 개화파 사상가 서재필은 미국에서 스크랜턴과 같은 시기에 공부했었는데, 인종 차별로 미국 사회에서 먹고살기가 어려울 정도였다. 미국에서 유학했던 서재필은 실력이 뛰어났지만, 황색 인종이라는 이유로 자신이 개설한 수업에 학생들이 등록을 거부하였고, 개원한 의원에 환자들이 오지 않았다. 생계 유지 자체가 어려워 대사관 관사에서 지낼 정도였다. 스크랜턴이 공부했던 예일 대학교는 서재필이 있던 컬럼비안 대학교와 자동차로 2시간

80 이덕주, "전덕기의 생애와 사상", 『나라사랑』 제97집 (1998), 29–30.

밖에 떨어져 있지 않았다.

스크랜턴도 여느 미국인과 같이 한국인을 천한 사람으로 생각할 수 있었다. 그도 시대의 사람이었으며, 인종 차별로 악명 높은 미국 출신 선교사였다. 그러나 서양 선교사들이 선교를 할 때 자신들의 계급은 그들의 인종이 천대하던 그 한국인이 된다는 점도 기억할 필요가 있다. 한국에서 최초 선교사로 알려진 알렌은 이와 관련해 재미있는 이야기를 했다.

> 한 노년 선교사 여성이 나에게 말한 적이 있습니다. 그녀는 자신이 대치해야 하는 가장 어려운 것은 동정의 부족이라고 생각한다고 말했습니다. 그녀는 고풍스러운 대도시에서 존경받는 회원으로서 존재하였고, 그곳에서는 부유층의 일상적인 풍족함에 둘러싸여 있었으며, 동아시아로 오게 되면서 그녀는 경멸받는 계급에 속했다고 말했습니다. 이는 아마도 상당히 강한 표현으로 사례를 설명한 것이지만, 사실 여전히 일반적으로 외국인 사회가 선교사들에게 많은 동정을 보이지 않는다는 것입니다. 나는 이 두 가지 계급에 속해 본 경험으로 이 문제에 대해 생각해 보았고, 이러한 상황의 탓은 일방적이지 않다고 생각합니다.[81]

알렌은 중국에서 3년간 의료 선교사로 봉사하고 나서 한국에서 다시 3년간 의료 선교사로 봉직한 후, 외교관으로 신분을 전환했다. 선교 사역 종료 후 15년간 미국의 공사관으로서 미국의 다양한 이익을 위해 한국과

---

81 Horace N. Allen, *Things Korean: A Collection of Sketches and Anecdotes, Missionary and Diplomatic* (Leopold Classic Library, 2016), 176.

다른 차원의 관계를 맺었는데, 알렌은 자신이 한국 선교사로서 경멸받는 계급이 되어 보기도 하고 서구인으로서 우월한 계급에 속해 보기도 했다는 이야기를 전한다. 정동의 외국인 커뮤니티 사람들이 한국 선교사들을 천민 취급했기 때문이다.

스크랜턴은 선교사로서 그들 사이에서 천민 계층이 되었지만, 남대문이라는 더욱 냄새나는 곳으로 들어가서 이보다 더한 천민이 되기로 결정했다. 알렌의 기록에 따르면, 그가 평범한 조선의 사람들을 만날 때 가장 괴로웠던 것은 김치 냄새였다고 한다.

> 진한 김치 냄새에 정말 놀랐습니다. 제가 처음 그것을 접했을 때를 설명하면 가장 잘 표현할 수 있을 것 같습니다. 그 일은 제가 천대받는 환자들을 입원시키는 병원을 운영하던 초기에 일어났습니다. 방 안으로 들어가자 마자, 저는 제가 전혀 맡아 보지 못한 듯한 매우 강한 냄새를 맡았습니다. 하인들을 불러서 환자들을 병원으로 보내라고 지시했는데도 불구하고, 저는 병원으로 그들을 데려오는 하인들을 꾸짖었습니다. 그들은 지금 아무런 환자가 들어오지 않았다고 했습니다. 창문을 열고 확인하러 들어갔을 때, 웬걸 그 냄새는 감사를 보답하기 위해 환자가 거기에 두고 갔던 작은 항아리에서 나왔음을 발견했습니다.[82]

이덕주는 감리교 선교 소식지에 소개된 스크랜턴의 이야기를 옮겨 놓았다. 스크랜턴은 냄새나는 시장 바닥도 개의치 않았다.

---

82 위의 책, 120.

병원이 성공하기 위해 가장 필수적인 것은 대중의 요구에 맞도록 번잡한 곳에 있어야 한다는 것입니다. 상동에 있는 남대문 병원은 제가 생각했을 때 여러 가지로 유익한 면을 지니고 있습니다. 그 위치나 주변의 교통량, 사람이 밀집해 사는 환경 등의 요인들입니다. 그곳은 민중이 있는 곳인 반면 지금 우리가 있는 곳은 외국인 거주 지역입니다.[83]

스크랜턴은 대중들이 있는 상동으로 거처를 옮기길 원했다. 사실 정동은 선교사의 입장에서 거주하며 일하기에 그리 나쁘지 않은 곳이었다. 1896년 고종이 일본의 명성황후 시해 이후 정동의 러시아 공사관으로 터를 옮겼고, 아관파천으로 인해 1896년 고종이 정동의 경운궁으로 터를 옮긴 곳이기도 했다. 그런데 상동은 스크랜턴이 외국인으로서 국내 정치에 영향을 주거나 소위 '인싸'로서 활동하기에는 그리 적절한 장소가 아니었다. 그러나 스크랜턴은 적어도 선교에 있어서 만큼은 순수하게 복음을 전하고 가난한 자들을 위해 의료적 도움을 주고자 하는 마음이 컸다. 아마도 전덕기는 이런 순수한 마음을 가진 스크랜턴에게 매력을 느꼈을 가능성이 크다.

스크랜턴이 가고자 했던 곳은 김치 냄새를 능가하는 생선의 최대 도매시장이었던 남대문 시장이었다.[84] 시장에서는 민어, 조기, 도미, 준치, 고등어, 낙지, 소라, 오징어, 소개 새우, 전어 등 다양한 해산물을 팔았다. 부지런한 사람들이 일하는 곳이라 새벽 4시면 개시하고 오전 10시면 파장

83 이덕주, "전덕기의 생애와 사상", 28-29.
84 당시 남대문시장의 풍경을 더 살펴보기 위해서는 다음 논문을 참조하라. 성민경, "고전문학을 통해 살펴본 서울 중구의 명소", 『서울신학연구』 제86호 (2022).

〈상동. 잘 정비되어 있지 않은 거리에 일본인 복장을 한 인력거꾼과 지게꾼들이 보인다. 1900년대 초반 촬영 사진〉 © The General Commission on Archives and History of The United Methodist Church, The United Methodist Archives and HIstory Center(재사용금지)

했다. 이곳의 분위기는 활어 수조가 없이 파리와 사람들이 들끓고 생선 좌판이 펼쳐져 있는 흡사 옛날 노량진 수산시장을 연상시키는 그런 공간이었을 것이다. 생선 냄새뿐만이 아니다. 시장은 사기꾼, 소매치기가 득실대는 곳이기도 했다.

> 서울의 서문에 큰 시장이 있다. 이곳은 가짜 물건을 파는 자들의 소굴이었다. 가짜로 말하자면, 백동을 가리켜 은이라 주장하고, 염소 뿔을 두고 대모라고 우기며, 개가죽을 가지고 초피라고 꾸민다. (중략) 소매치기도 그 사이에 끼어 있다. 남의 자루나 전대에 무엇이 든 것 같으면 예리한 칼

로 째어 빼 간다. 소매치기를 당한 줄 알고 쫓아가면 요리조리 식혜 파는 골목으로 달아난다. 꼬불꼬불 좁은 골목이다. 거의 따라가 잡을라 치면 대 광주리를 짊어진 놈이 불쑥 광주리 사려 하고 뛰어나와 길을 막아 버려 더 쫓지를 못하고 만다. 이 때문에 시장에 들어서는 사람은 돈을 전장에 진 지키듯 하고 물건을 시집 가는 여자 몸조심하듯 하지만, 그럼에도 곧잘 속임수에 걸려드는 것이다.[85]

하지만 이곳은 마냥 냄새나는 불쌍한 사람들의 공간만은 아니었다. 18세기가 되어 시장이 번성함에 따라 자신들의 밥벌이에 어느 정도 자신이 있는 상인, 수공업자, 유민들이 이 일대에 몰려들기 시작했다. 따라서 스크랜턴도 고고한 자기 만족에 빠져 있는 '외국인들의 거주지' 정동을 떠나 이런 곳으로 자신의 선교 거점을 옮기게 되는데, 이때 전덕기가 스크랜턴을 도와 같이 이주하게 된 것이다.

알렌의 자료에 따르면, 한국에서는 자신의 삶을 구해 준 사람의 집에 머물며 그를 도와주는 것을 당연하게 생각했다고 한다. 알렌은 자신에게 의료적 혜택을 받고 전덕기가 스크랜턴의 집에 부엌일을 하러 머무른 것은 스크랜턴이 돌을 던진 전덕기를 품어 그에게 깊은 감명을 주었기 때문이라고 한다. 스크랜턴과 그의 부인은 돌을 던진 청소년 전덕기를 뜨겁게 사랑하여 전덕기에게 많은 것을 가르쳐 주고, 가정 예배를 드릴 때는 한국말을 사용하여 신앙 교육도 했다. 전덕기는 이런 모습에 큰 감명을 받고서 "전에 돌을 던져 든 것과 사람을 모욕하던 일을 다 뉘우쳐 고치고 양

85 고동환, "조선 후기 삼문(三門) 밖 지역의 특성", 『서울학연구』 59호 (2015), 178.

순하고 부드러운 새사람"이 되었다. 전덕기는 이런 진술을 했다.

> "나는 스크랜턴 박사님이 하라는 대로 하고 싶어요. 박사님처럼 되고 싶을 뿐입니다."[86]

그런데, 감리교 선교사 스크랜턴과는 달리 장로교 선교사인 알렌은 천대받는 선교사 생활 대신 미국의 이익을 위해 외교 무대에 투신하여 미국에 많은 이익을 가져다주었다. 스크랜턴은 정동을 떠나 더욱더 멸시 천대를 받으며 냄새나는 남대문 시장으로 갔으나, 알렌은 더욱더 돈 냄새가 진동하는 외교와 투자 개발의 공간으로 들어갔다. 김희연은 자신의 박사 논문에서 "알렌은 한국 내 미국의 영향력 확장을 도모했고, 임지를 미국 텃밭으로 일궈 내려는 욕망이 컸다. 그에 입각하여 미국 위신을 바로 세우기 위한 주한 미국 공사관 신축이나 한국 북부에서 미국 이익을 관할하기 위한 진남포 영사관 신설 등도 주장했다."[87]라고 하며 알렌의 주된 관심사가 이권 개발과 닿아 있음을 밝혀 냈다.

스크랜턴은 드디어 헤이그 특사 파견과 떼어 놓을 수 없는 역사적인 교회, 상동교회를 설립한다. 1894년 봄 상동교회에서 역사가 태동하기 시작했고, 스크랜턴가의 가족과 같이 지내던 하인 전덕기는 1896년 기독교 세례를 받는다.

거칠고 폭력적이던 청소년 전덕기는 이후 자신이 가지고 있던 공격성

---

86 이덕주, "전덕기의 생애와 사상", 31.

87 김희연, "주한미국공사 알렌의 이권 획득과 세력권 확보 시도", 고려대학교 대학원 박사학위 논문, 2022, 403.

을 민족을 위해 사용하기 시작한다. 돌을 들어 기독교인들을 위협하는 대신 정의감을 가지고 부패한 정부를 비판하였으며, 독립협회에서 이승만과 함께 토론과 정치 평론을 이어 갔다. 그렇게 전덕기는 독립협회에서 이승만, 주시경 등과 친구가 되어 민족의 앞날을 뜨거운 청년의 심장으로 도모하는 사람으로 자라 갔다.

이승만, 전덕기, 주시경은 공통적으로 가난했고, 기독교 선교사들 아래에서 배웠으며, 1896년에 공적인 활동을 시작했다. 이승만과 주시경은 정동에 있는 배재학당에서, 그리고 전덕기는 상동의 상동교회를 배경으로 민족을 위한 발을 떼기 시작했다. 배재학당과 상동교회는 정동교회와 함께 '애국 운동의 중심지'로 자리 잡아 갔다.

앞서 언급한 바, 대중들의 모임이 된 독립협회는 이승만, 전덕기 등 거칠게 자신들의 뜻을 전달할 수 있는 인사들이 정부에 대한 비판의 수위를 높여 갔고, 이에 따라 대중들은 동요하기 시작했다. 그러나 위협을 느낀 수구파 관료들은 11월 4일 독립협회가 공화정을 실현시키려고 한다는 무고를 하여, 독립협회 간부들은 체포되고 독립협회는 강제 해산되었다. 기록은 없지만 당시 이준과 전덕기가 만났을 가능성은 상당히 높다.

전덕기는 독립협회의 해산 즈음부터 상동교회로 전도하는 것에 열심을 내었다. 스크랜턴 선교사가 1901년부터 1904년까지 미국으로 돌아가 안식년을 보낼 때, 전덕기는 교회를 도맡아 열정적으로 전도하였고, 이에 따라 교회는 폭발적인 성장를 하게 된다.[88] 1903년에는 기세를 이

88 이덕주, "전덕기의 생애와 사상", 34.

어 '상동 청년회'를 조직하였고, 자신이 회장이 된다.[89] 이덕주에 따르면, 상동 청년회는 상동교회의 '엡윗 청년회'였다. 상동교회의 엡윗 청년회는 본래 1897년 9월 창립되었는데, 1903년 전덕기를 중심으로 다시 창립되었다. 이 청년회는 중등 교육 기관인 '청년 학원'을 설립했는데, 이승만이 교장이었고, 주시경이 교사로 봉직했다. '남대문시장의 기적'이라고 불려도 모자랄 것이 없는 상황이었다.

〈상동 청년 학원. 상동교회는 전덕기를 중심으로 청년들을 위한 상동 청년 학원을 운영하기도 했다. 이승만이 초대 교장을 맡았다.〉

89 위의 논문, 36.

그러나 이런 꿈 많은 단체인 엡윗 청년회도 미국 감리교단의 영향을 벗어나기는 어려웠다. 미 감리교는 일본과 한국을 동시에 관장하는 해리스(Harris)를 상동교회로 보냈다. 해리스는 일본을 지지하는 사람이었고, 스크랜턴은 중립을 고수하고자 하는 사람이었다. 상동 청년회가 이승만 등 과격한 인사들과 함께 반일 노선을 강화해 가자 압박감을 느끼는 스크랜턴은 교회를 사임했고, 미감리교 선교연회는 1907년 전덕기를 후임 목사로 임명했다. 스크랜턴은 아래와 같이 청년회의 당시(1905년) 분위기를 전했다.

일반적인 불안 요소 때문에 앱윗 청년회에 심사를 거치지 않은 신입 회원들이 대거 들어오면서 정의감에 사로잡힌 무리들이 청년회 이름으로 활동했습니다. 그뿐 아니라 정치적인 목적으로 불법 행위를 기도하여, 그 목적이 모호해져서 우리가 보기에도 일본 정부든 한국 정부든 이 모임에 대해 심각한 오해를 할 우려가 있었습니다. 안타깝게도 청년회는 애국심이 강한 단체가 되었는데, 이는 곧 반일 정서가 그만큼 강하다는 뜻입니다.[90]

이 말은 사실이었다. 상동 청년회는 전덕기가 회장으로 취임한 1903년부터 '반일적' 성향이 강하게 나타났다.[91] 전덕기라는 사람은 가난한 천민 출신이고, 선교사에게 돌을 던질 만큼 인격이 불량한 사람이었지만,

---

90 W. B. Scranton's letter to Dr. Leonard, Nov, 1, 1905. 이덕주, "전덕기의 생애와 사상", 40에서 재인용.

91 서영석, "이준의 구국운동과 교육사상", 258.

그의 직감만큼은 살아 있었다. 스크랜턴의 감화로 인해 그리스도인이 된 그는, 당시 소위 먹물 꽤나 먹었다는 개화파들은 전혀 파악하지 못했던 일본의 탐욕적인 진의를 파악하고 있는 사람이었다. 그는 전도에 열심이 있었지만, 특별한 정치적 감각도 가지고 있었다.

〈상동교회. 스크랜턴 대신 전덕기가 교회를 시무한 1901년부터 1904년까지 상동교회는 폭발적으로 수적 성장을 한다. 1900년대 초반에 촬영한 사진〉

이 사건을 종합해 다시 이해해 보자. 거친 청소년 전덕기는 회심 후 전도 활동과 함께 독립협회 등의 활동을 통해 민족 운동을 했다. 독립협회의 해산으로 활동의 공간은 축소되었지만, 전덕기는 교회의 일에 최선을 다했고, 다시 한번 기회가 오자 상동 청년회를 조직하여 청년 학교를 만드는 등 민족 운동에 다시 매진했다. 1905년에는 이 상동 청년회라는 모임에 개혁을 요구하는 반일 청년들이 물밀듯이 밀려 들어왔다.

따라서 스크랜턴은 한국 선교사이지만 미국인이었기에, 한일 양국 간 자신의 기준에 의거하여 정세를 판단하고서 지지 혹은 비판을 하려고 하지 않았다. 그는 '양국 정부와 아주 우호적인 관계를 맺고 있는' 감리교를 먼저 생각하는 선교사였다. 따라서 기독교 선교사로서, 외교적으로 좋은 관계를 유지한 채 그곳에서 개종 활동을 장기적으로 해 나가는 데 더 큰 관심이 있었다. 많은 희생을 감수하며 한국에 온 것은 칭찬할 만하겠지만, 정의와 관련된 가치를 한국인들과 함께 씨름해 가며 한국 정체성에 발전적인 기여를 함에 있어 버거워하는 그의 모습이 다소 아쉽다.

그런데 사실 '중립'이라는 단어는 약소국인 조선과 엮이며 그들로 인한 희생의 각오를 필요로 하는 상황에서 좋은 핑계가 되기도 했다. 그러나 전덕기는 이와 달랐다. 그는 전도도 열심히 했지만, 그가 믿는 정의를 위해 투신하는 사람이었다. 물론 선교사들 입장도 이해하기 어려운 것은 아니다. 먼저 한국이 일본보다는 새로운 선교와 관련된 사업을 하기가 어려웠다. 한국은 일본만큼 열려 있는 나라가 아니었고, 지나친 탐욕을 추구하는 고종의 윤리적 문제도 안고 있었다. 고종은 일본보다 러시아를 파트너로 택했지만, 1905년 러일 전쟁의 승자는 일본이었다. 한국을 둘러싼 국제 정세는 요동을 쳤고, 잘못된 선택은 공들인 선교 사역 전체를 무너뜨릴 수도 있었다.

교회 안에서도 일본에 대한 입장이 갈리는 입장에서, 하나의 입장을 택하는 것은 교회의 분열을 야기할 수도 있었다. 한국인들 중 개화파들은 연합된 아시아의 꿈에 젖어 있었고, 후쿠자와 유키치 등은 정변이 실패하기 전까지는 한국을 도와 꿈이 꺼지지 않도록 장작을 지폈다. 개혁과 정변에 실패한 사람들의 피난처는 1904년까지는 일본이었다. 일본을 좋아하는 사람들이 교회에 있었고, 일본의 도움을 받은 사람들이 교회에 있었다.

선교사 개인 차원에서 일본을 비판하는 것을 용납하기도 쉽지 않을 수 있다. 일본에 대한 국제 사회의 평가는 한국보다 더 나았다. 일본은 서구에서 서양만큼 문화, 경제, 정치에 있어 발달했다는 평가를 받고 있었다. 아프가니스탄이 아프가니스탄 독립을 외치는 무장 단체 탈레반보다는 미국의 지배를 받는 것이 더 좋다는 보편적인 우리의 인식을 반영해 보더라도, 이미 조선이 바라던 발전을 쟁취해 낸 서구인들이 일본에 대항한 한국의 독립을 지지하기란 어려웠을 것이다.

그러나 1905년부터 붉어져 온 일본의 한국 점령 의지와 한국인들에 대한 일본의 가혹한 대우를 경험했을 때, 중립을 이야기하는 것은 비겁하다는 평가를 피하기가 어렵다. 이미 1905년에도 일본은 한국에서 군정을 실시하고, 자신들의 개발을 막는 시위대들을 살해했다. 명성황후의 잔혹한 살해 등 일본은 이미 스크랜턴이 '중립'을 논하기 전까지 지지하기 어려운 일들을 벌여 왔다는 것이다.

전덕기는 자신의 은인과도 같은 스크랜턴과 달리 일본에 대해 적극적인 반대의 입장을 보여 주었다. 전덕기는 선교사의 말이라면 무조건 따르는 그런 류의 사람은 아니었다. 젊은 스크랜턴은 17세의 전덕기에게 돌을 맞고도 그를 품어 주었지만, 50세의 스크랜턴은 전덕기를 지켜 주지 못했다. 스크랜턴이 왜 전덕기와 이런 부분에서 선을 그었는지 명확하게 이해함에 있어 어려운 면이 있다.

스크랜턴은 목사직을 내려놓고 성공회로 종파를 바꾸어 의사로서 한반도를 돌아다니며 어려운 이들을 도와주었다. 인도적인 측면과 그의 감화, 그리고 적어도 강자의 불의의 편에 적극적으로 서지 않은 것에 대해서는 긍정적인 평가를 내릴 수도 있겠지만, 그가 한국 선교사로서 정치적 이슈들에 소극적으로 대응했다는 것은 다소 아쉬운 부분이라고 할 수 있다. 그러나 파송 선교사로서 동아시아 선교 담당자가 일본에 극히 친화적이었다는 것을 고려해 보면, 그의 곤란한 입장도 이해가 가는 바이다

여하간 전덕기는 상동 지역, 상인들이 가득한 남대문 일대에서 본격적으로 자리를 잡는다. 독립협회의 회원들처럼 상동교회는 남대문 수산물 도매 시장의 사람들이 주로 활동했다. 독립협회, 공진회, 상동교회 등 소상공인들이 머리를 맞댄 곳에서는 급진적이고 과감한 결정들이 이루어졌다.

상동파를 만난 이준, 파이터로 거듭나다

이런 상황에서 이준과 전덕기는 상동교회에서 역사적인 만남을 가진다. 이준이 상동교회에서 소위 '상동파'라는 사람과 관계를 가진 것에 대한 기록은 백범일지에서 찾아볼 수 있다. 김구는 1905년 을사년에 이준

〈황해도에서 교육 사업을 하는 것으로 추정되는 김구 사진,
가장 뒷줄 모자를 쓰지 않은 인물이 김구이다. 1905년 촬영된 사진〉

이 전덕기와 함께 상동 회의(엡윗 청년회)에 참석했음을 이야기했다. 전국적 규모로 개최되었던 상동 회의에는 상동 청년회 회원들, 평양 출신의 기독교인들, 평남 순천 출신의 기독교인들, 김구를 포함한 황해도 장련 출신들, 육군 무관 학교 출신들이 참석했다. 김구는 1905년 11월 30일 당시 상황을 이렇게 기억한다.

> 나는 진남포 의법 청년회(엡윗 청년회)의 총무 직책을 맡고 청년회 대표로 경성에 파견된지라 경성 상동에 가서 엡윗 청년회의 대표 위임장을 제출하였다. 그때 각 도의 청년회 대표가 겉으로는 교회 사업을 토의하나 이면에는 순전히 애국 운동이라. 먼저 기의한 산림학자들을 구사상이라 하면 야소교인들은 신사상이라 하겠다. 그때 상동에 모인 인물로 말하면 전덕기, 정순만, 이준, 이석, 최재학, 계명륙, 김인집, 옥관빈, 이승길, 차병수, 신상민, 김태연, 표영각, 조성환, 서상팔, 이항직, 이희간, 기산도, 전병헌, 유두환, 김기홍, 김구 등이다. 이들은 회의한 결과를 상소하기로 하고, 상소문을 이준이 작성하였다. 제1회 소수(상소의 대표자)는 최재학이고, 그 외 4인을 더하여 신민 대표의 명의로 서명한 것은 1회, 2회로 계속할 작정인 때문이라.[92]

상소문은 철저히 법 논리에 근거해서 쓰였다. 법은 이준의 전공 분야였다. 사학자 한규무는 상소문에 대해 이렇게 설명한다.

92 김구, 『정본(定本) 백범일지』 (파주: 돌베게, 2016), 123.

상소는 보수 유림층이 아닌 기독교인들을 대표하여 개화 지식인 이준이 작성했다는 점에서 이채롭다. 그 내용을 보면, 강화도 조약(1876) 때 일본은 "朝鮮自立之邦 保有與日本平等之權(독립국인 조선은 일본과 평등한 권리를 가지고 있다)"이라 했고, 러일 전쟁(1904) 때는 "韓國之獨立及土地主權之保證 戰爭之目的(한국의 독립과 토지 주권을 보장하는 전쟁의 목적)"을 명분으로 내세웠으며, 시모노세키조약(1895) 때는 "朝鮮國獨立自主兩國認明不可侵越(자주 독립국인 조선에 대해 양국(필자 주: 청나라와 일본)은 침략이 불가능하다는 것을 분명히 인식한다)"이라 해 놓고도 한국의 주권을 강탈했다는 것이다. 또 황제의 서명도 없이 박제순(필자 주: 당시 외부 대신)등 '逆臣(반역한 신하)'이 조약에 날인한 것은 만국공법에도 위배되는 것이니 고종은 이들 '역신'을 처단하고 이 조약이 무효임을 세계 열방에 알려 한국의 독립을 지키라는 것이다. 즉 그동안 한국의 독립을 인정하고 보장한다는 일본의 주장들을 열거하여 일본의 모순된 태도를 비판하고, 만국공법(萬國公法)을 근거로 조약의 원천 무효를 주장한 것이다.[93]

이준은 법가였다. 그는 검사였고, 근대법에 관심이 많아 1905년 7월 4일 헌정 연구회를 조직했고 부회장으로 활동했다.[94] 국제 조약의 법적 논리로 살펴보았을 때, 일본은 자신들이 보장한다고 천명했던 한국의 국가 주권을 뒤통수 치듯 빼앗아 갔다는 것이고, 이는 국제적으로 용인될 수 없다는 표현이었다. 또한 황제의 서명이 생략된 채 맺은 '박제순' 제1

93 한규무, "1905년 '상동 회의'와 을사조약 반대투쟁", 『한국독립운동사연구』 43 (2012), 23.
94 『황성신문』, 1905년 7월 5일자 보도.

차 한일 협약(을사조약)은 조약의 법적 요건을 갖추지 못했다는 것이었다.

전덕기와 이준 그리고 김구의 이야기는 일본으로서는 감당할 수 없는 소위 '팩폭'이었다. 이런 이야기가 국제 사회에 흘러 들어갈 경우, 일본은 신용을 유지하기가 힘들 뿐만 아니라 그러한 일본의 만행에 반응할 나라들이 있을 것이 뻔했다. 체면을 중요시하는 일본의 문화를 생각해 봐도, 이런 앞과 뒤가 다른 것이 폭로되는 것은 마치 '디스패치'의 폭로 기사와 같이 국제적인 파장을 불러일으킬 것이 분명했다. 일본으로서는 어떻게 해서든 이런 목소리들을 잠재워야 했고, 상동 회의의 참여 인물들은 이런 위험 요소를 잘 알고 있었다.

〈1901-1903년 촬영된 종로 거리. 이곳에서 일본군과의 사투가 있었다.〉

출처: Hamilton, *Korea.*, 268.

상동 회의에서 모인 이들의 각오는 대단했다. 이들은 팀을 나누어 대표자 5명의 명의로 상소문을 냈는데, 그 이유는 상소 후 대표 5명이 사형을 당할 경우 다른 5명이 2차로 다시 상소를 내려고 했기 때문이다. 이들은 죽을 각오로 이런 일을 했다. 그리고 마치 영화의 한 장면 같은 일들이 일어났다.

〈칼을 찬 일본 순사〉 출처: Hamilton, *Korea.*, 128

종로에서 공개 연설을 하다가 막거든 대대적으로 육박전을 하기로 하고 연설을 한즉 왜순사가 칼을 빼드는지라. 연설하던 청년이 맨손으로 달려들어 발로 차서 왜순사를 땅에 거꾸러치자 왜놈들이 총을 쏘아 댄다. 그때 마침 어전도가(수산물시간) 화재를 당한 후라 기왓장이 산더미처럼 쌓여 있는데 우리는 몇몇이 기왓장으로 왜순사대를 향하여 던져 접전이 개시된다. 왜순사놈들이 중국인 상점에 침입 잠복하고 총을 발사하는지라. 군중이 기왓장을 들고 중국 점포에 던지자 왜보병 1중대가 포위 공격하

여 인산인해의 군중은 흩어지고 왜놈들이 한인을 잡히는 대로 포박하여 수십 명이 체포되었다.[95]

헐버트가 편집인으로 있었던 『더 코리안 리뷰』 1905년 12월호에도 이런 사실들이 담겼다. 헐버트에 따르면, 김구의 증언은 사실이었다.

> 여러 지방에서 온 조선의 학생들이 황제에게 새로운 조약에 관하여 청원할 목적으로 서울에 도착했으나 일본 헌병들은 그들의 해산을 강요했습니다. 민영환이 사망한 후 추모사들은 베테랑 정치가의 지도 아래 있었습니다. 황제에게 또 다른 청원서를 전달한 좌절 조병(원임대신 조병세: 필자 주) 씨는 아편을 복용하여 자살했고, 나머지 추모자들은 일본군에 의해 해산됐습니다. 월초에 도시는 황제에게 항의의 목소리를 더하고자 여러 지방에서 서울로 온 많은 한국인들로 가득 찬 것 같습니다. 일본 헌병대가 모든 중요한 장소에 주둔하고 보병 분리대가 거리를 순찰하고 있습니다. 처음 일부 열광적인 사람들이 '종로' 거리에서 사람들에게 상소하고 있을 때, 칼을 뽑은 일본 경찰들이 연사들을 체포하려고 시도하였으나, 경찰관들은 군중에게 포위되어 한동안 경찰관들은 쫓겨났습니다. 일부 일본 헌병이 나타났지만 그들은 한국 가옥으로 피신할 수밖에 없었습니다. 짧은 시간에 지원군이 도착했고 일본 보병은 여러 번 발포하여 군중을 해산시켰습니다. 거의 100명에 가까운 한국인이 체포되었지만 대부분의 지도자들은 탈출한 것으로 생각됩니다.

95 김구, 『정본(定本) 백범일지』, 141.

〈을사조약에 반대해 자결로 을사조약이 불러올 불행한 결과를 경고한 민영환〉
출처: 미국 코넬대학교

이날 바로 민영환이 칼로 자결을 하고, 그날 이준과 같이 1907년 헤이그로 날아간 이상설이 자살 기도를 했다. 민영환이 전한 유서는 김구와 이준 등, 나라를 사랑하는 이들의 마음에 불을 지피는 내용이었다. 민영환의 자결 소식과 유서를 접한 이들은 거리로 쏟아져 나왔다.

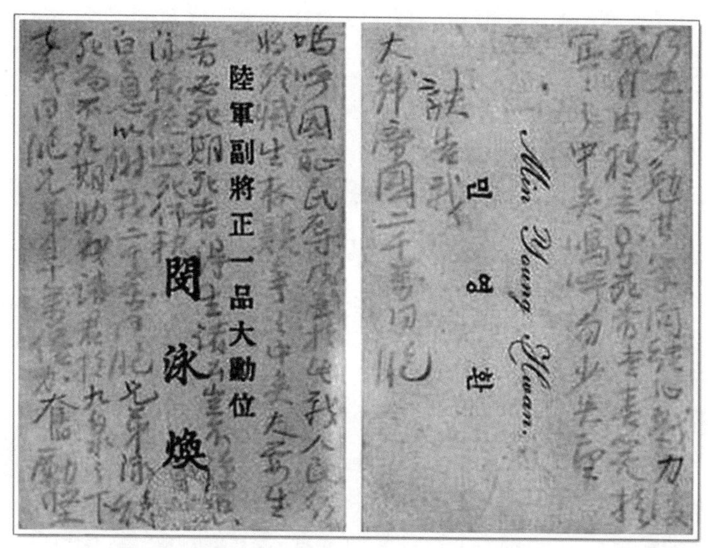
陸軍副將正一品大勳位
閔泳煥
민영환
Min Young Hwan.

〈작은 명함에 작성된 민영환의 유서. 민영환은 총 세 통의 유서를 썼다.〉

출처: 한국학 중앙연구원 Encyves

경고 한국 인민 유서

오호라, 나라의 수치와 백성의 욕됨이 여기에 이르렀으니 우리 인민은 장차 생존 경쟁의 와중에서 모두 없어질 것이다. 무릇 살기를 바라는 자는 반드시 죽고 죽음을 기약하는 자는 살 것이니, 제공(諸公)들은 어찌 헤아리지 못하는가? 나 민영환은 다만 한 번 죽음으로써 황은(皇恩)에 보답하고 그리하여 우리 2,000만 동포 형제에게 사죄하려 하노라. 나는 죽되 죽지 아니하고 저승에서라도 제군(諸君)들을 돕기를 기약하니, 바라건대 우리 동포 형제들은 천만 배 분발하고 힘을 써서 그대들의 뜻과 기개를 굳건히 하여 학문에 힘쓰고, 마음으로 단결하고 힘을 합쳐서 우리의 자유 독립을 회복한다면, 죽은 자가 마땅히 저 어두운 저 세상에서 기뻐 웃을 것이다. 오호라, 조금도 실망하지 말지어다. 우리 대한 제국의 2,000만 동포에게 이별을 고하노라.[96]

그러나 이들의 상소문은 큰 반향을 일으키지는 못했다. 일본도 생각과는 달리 체포한 상소문 대표자들을 몇 십 일간 감옥에 가두기만 했다. 국민들도 크게 반응하지 않았다. 이들은 상소문을 더 공개적으로 읽을 필요를 느끼지 않았다.

〈1904년 숭실학당 중학교 과정 1회 졸업식 광경〉 출처: 숭실대학교 홈페이지

사람들의 반응은 그리 크지 않았지만, 김구와 상소문을 준비한 이들은 국제적인 조약이 불러올 영향에 대해 아주 민감한 판단을 할 수 있었다. 실제 일본은 무력을 동반하여 강제적으로 외교권을 빼앗는 조약을 체결

96 『대한매일신보』, 1905년 12월 1일.

했다. 이에 따라 상동 청년회 회원들 천여 명이 이 조약에 반대하는 시위에 참여했다. 그리고 목사였던 전덕기는 을사오적을 살해하여 처단하고자 했다.[97] 사건의 핵심에 대해 전덕기는 아주 명쾌하게 파악을 하고 있었다. 평양에 있던 기독교계 숭실학당에서도 12명의 학생들이 서울 시위에 가담했다. 당시 학당장 윌리엄 베어드(William Baird)는 이 12명의 학생들을 정학시켰다.[98]

이준은 감옥 투옥 이전에 곧은 사람이기는 했지만, 죽음을 담보로 하여 민족을 위한 승부를 걸어 보는 그런 사람은 아니었다. 그는 함경도 개화파 장박의 영향으로 검사 시보에 임명된 지 얼마 되지 않아서 신변의 위협을 받아 일본으로 도피했고, 귀국 후 활동했던 독립협회가 해산되자 많은 술로 쓰린 속을 달래던 소극적인 사람이기도 했다.[99] 적십자 설립을 통해 일본의 비위를 맞춰 보고자 했던 이준은 첫 감옥 생활 이후 이제 일본을 지지하는 일들은 그만두었다. 이후 그는 1905년 7월이 되어 법관양성소에서 갖추었던 법적 지식을 오롯이 독립을 위해 사용했다. 어느덧 그는 위험을 감수하며 승부를 걸 줄 아는 사람이 되어 있었다. 그는 을사오적 살해를 기도하는 전덕기, 과격한 독립운동으로 명성 높은 김구와 한 배를 탔다. 당시만 해도 기독교계 민족 운동을 하는 이들은 사건이 불러올 불안한 미래를 예측하는 통찰과 함께 문제에 정면으로 도전하는 용기 및 실천성을 보여 주었다.

---

97 鄭喬, 『大韓季年史 (下)』 (국사편찬위원회, 1957), 191.

98 김영현, "한말 기독교인의 민족문제인식과 평양대부흥운동", 연세대학교 교육대학원 석사학위논문, 2016, 27.

99 이일정 여사 증언. 이일정 여사 증언은 헤이그특사 100주년 기념 자료집에 수록되어 있다.

비밀 결사 조직의 이준, 헤이그로

이준은 장로교인 연동교회 신자였으나 독립운동의 새로운 구심점으로 떠오르는 상동교회 청년회에 참여했다. 상동교회 청년회는 공식적으로 스크랜턴 선교사에 의해 해체되었지만, 그들의 모임은 이름을 정확히 알 수 없는 비밀 결사 조직(이하 비밀 결사 조직)으로 계속해서 이어졌다. 이 조직은 '신민회'라고 알려졌으나, 정식 신민회는 안창호를 중심으로 하여 적어도 1908년 초에 형성되었던 것으로 보인다.[100]

비밀 결사 조직은 1906년 4월경 조직되었던 것으로 추정한다.[101]이 조직은 상동교회에서 설립했던 청년 학원의 멤버들이 초기 멤버가 되었고 상동교회 지하실에서 모임을 가졌다. 서영석에 따르면, 비밀 결사 조직은 1906년 간도 지역에서 (다른 헤이그 특사였던) 이상설의 독립운동 사업을 돕기도 했다. 이 조직은 독립협회의 토론 문화를 이어 갔고, 이 토론 문화는 독립 운동의 핵심이었다.

우리는 이 '토론'이라는 것을 상당히 중요한 것으로 생각해야 한다. 한

100 이선민, "신민회의 결성 시점에 대한 재고찰", 『대동문화연구』 121호 (2022), 227.
101 서영석, "이준의 구국운동과 교육사상", 260.

국에서 독립에 대한 정신이 함양되는 데 가장 중요한 역할을 했던 것이 바로 이 토론회였다. 토론은 모두가 신분적인 선입견이 없는 상황에서 서로의 이야기를 듣고 무엇이 더 적절한지에 대해 판단할 수 있는 소통 및 의사 결정 방식이다. 이 토론회에서는 신분과 권위에 의해 판단되는 것이 없었고, 논리적인 의사 소통에 따라 옳고 그름을 서로 따질 수 있었다.

이전까지 유교 사회였던 조선에서는 강한 위계질서로 인해 이런 토론 문화가 존재하지 못했다. 그러나 인간의 평등을 믿는 기독교 사상이 한국에 도래하며 유교적 인간 이해에 대해 균열이 일기 시작했다. 유교적 세계에서는 모든 인간관계에 위아래가 있었지만, 기독교에서는 하나님을 제외한 인간들 사이에 태생적인 위아래가 없었다. 이런 생각들은 위계의 상층부에 있는 사람들에게 있는 불필요한 특수한 환상과 근거 없는 권위을 제거해 주었고, 전덕기, 이승만, 이준, 김구와 같이 배경은 미천하나 용기와 실력을 갖춘 사람들이 극단적이지 않은 방법으로 생각을 모을 수 있는 배경을 제공했다. 토론에서 중요한 것은 권위자의 의견보다는 나의 의견과 나의 논리다. 이준은 이제 장박이라는 뒷배경보다 자신의 의견이 더 중요했다.

이는 한국의 독립지사들과 선교사들의 차이를 분명하게 했다. 선교사들은 한국에서 선교 활동을 해 나가기는 했지만, 본국의 지원과 감독하에 선교 사업을 실시했다. 개인의 양심에 따라 중요한 정치적 결정들을 한국인들과 함께 만들어 나갈 수는 없었다. 약간의 위험 부담을 감내하고 더 많은 것을 얻을 수 있는, 소위 '싸움'을 할 결정 권한은 이들에게 주어지지 않았다. 선교사들의 한계라고 할 수 있다. 실제 한국에서 가장 처음 근대적 토론이 시작되었던 정동 배재학당 협성회의 발전은 배재학당 교장 아펜젤러의 근심을 불러일으켰지만, 이승만과 주시경 등은 그 뜻을 굽히지 않고 계속해서 독립 세력들을 늘려 나갔다.

비밀 결사 조직이 조직되었을 1906년 4월 19일, 『대한매일신보』에서는 "동상 화국(네덜란드) 헤이그에서 평화 회의 거행이 연기되었다."라는 보도가 나왔다. 이후 1907년 1월 12일 『공립신보』에서는 헤이그 만국 평화 회의에 대한 소식을 전하며, 국내외에 있는 단체들이 힘을 합쳐 독립을 위해 이 회의를 적극 활용해야 한다고 촉구했다.[102] 네덜란드는 이미 1904년 12월에 있을 국제 적십자사의 규정 개정을 위한 회의에 한국의 대표를 파송해 달라는 요청을 외교관 민영찬을 통해 국내에 한 바가 있었고, 비밀 결사 조직 회원들은 을사조약의 부당성을 이제 국외에서 밝혀 낼 필요성을 느꼈다.[103]

이 비밀 결사 조직이 모임을 가졌던 전덕기의 상동교회 지하실에서는 매우 많은 논의들이 있었는데, 최남선은 "상동교회 뒷방에서 전덕기 목사를 중심으로 하여 이회영, 이상설, 이준 등의 지사들이 무시로 모여 국사를 모책했는데 … (중략) … 진실로 상동교회 뒷방은 이준 열사의 헤이그 밀사 사건의 온상이라고 할 수 있습니다."[104]라고 하며 상동교회의 이 비밀 모임이 아주 중요한 준비 모임이라는 것을 밝혔다.

아쉽게도 상동교회 밀실에서 어떤 구체적인 의사 결정이 있었기에 이상설, 이준이 특사로 추천되어 헤이그로 파견되었는지는 파악하기가 어

102 『공립신보』, 1907년 1월 12일 보도.
103 『제국신문』, 1904년 11월 24일 보도.
104 서영석, "이준의 구국운동과 교육사상", 268에서 재인용.

렵다. 이상설은 널리 알려진 인물이고 이미 해외 경험도 있었다.[105] 선발이 되어도 어색할 것이 없었다. 그러나 이준이 선발된 이유에 대해서는 역사적 근거를 통해 명확히 알려진 바가 없다. 다만 이준이 전덕기, 김구와 함께 법 논리를 가지고 상소문을 작성했던 것을 보면, 헤이그 현지에서 국제법 논리에 따라 을사조약의 부당함을 호소해야 할 사람으로서 그가 필요했다고 추정해 볼 수 있다.

상동파 및 비밀 결사 조직은 헤이그 특사 파견의 중심 역할을 했고, 이상설과 이준의 연결 고리 역할을 했다. 이미 비밀 결사 조직 멤버였던 상동파들은 모금과 지지를 통해 헤이그 특사들을 도왔다.[106] 이준은 1904년 감옥에서 출소하고 나서부터 1905년 11월 을사조약이 체결된 이후 완전한 반일주의자로 변했고, 상동파에 속하여 독립운동에도 가담하게 되었다. 민영환이 자결한 날 죽음을 무릅쓰고 상소문을 읊었으며, 일제의 총격에도 굽히지 않고 조약의 부당성을 외쳤다.

그리고 전덕기와 이준은 상동교회라는 특별한 공간이 있었기 때문에 만날 수 있었고 헤이그 특사 준비 또한 할 수 있었다. 상동교회는 가장 밑바닥 인생을 살아온 불량배와 같은 청소년 전덕기와 이웃의 심부름 값을 도둑질해 상경 비용으로 삼았던 청소년 이준이 마음을 다시 잡고 나라의 큰일을 위해 투신할 공간을 제공해 주었다.

이준은 이상설과 함께 1907년 4월 출발하여, 러시아에서 통역을 했던 이위종을 만나 네덜란드 헤이그에 도착했다. 그러나 네덜란드 땅에서

---

105 위의 논문, 276.
106 위의 논문, 279.

이들을 환영해 주는 사람은 없었다. 심지어 2023년 현재 한국 개신교에서 주가를 올리고 있는 1901-1905년 수상을 역임했던 아브라함 카이퍼(Abraham Kuyper, 1837-1920)라는 기독교 정치 지도자도 사실 한국을 아주 우습게 생각하고 있었다. 이준도 얼마 전까지 한국 사람이면서도 한국의 발달에 있어 일본의 역할을 강조하는 사람이었으니 말이다.

가만히 보면 이준과 아브라함 카이퍼, 이 둘은 많은 공통점을 가지고 있다. 이준은 1859년에 태어났고, 아브라함 카이퍼는 1837년에 태어났다. 나이 차이가 21살이지만, 같은 시기에 살았다. 이준은 독립협회에서 활동했고, 공진회, 국민 교육회, 헌정 연구회 등 많은 민간 단체를 설립했고, 한국인들의 고유한 정체성을 지키기 위해 많은 노력을 했다. 이준의 유고작은 역사적으로 한국인의 혼을 기리는 『한국혼의 부활론』으로서, 이순신 등 무력으로 한국을 지키고자 했던 인물들의 정신이 담긴 서적이다.

아브라함 카이퍼도 마찬가지였다. 그는 반혁명당이라는 네덜란드 최초 정당을 설립했고, 기독교 전국 초등 교육 연합회에서 활동했다. 그가 강조한 것은 16세기부터 이어져 온 칼뱅주의 난민들과 종교개혁을 지지하는 세력들의 스페인에 대한 저항이었다.

일본에 대한 태도의 변화도 유사하다. 이준은 숨을 거두기 1년 8개월 전인 1905년 11월 을사조약을 계기로 일제에 아주 강경한 태도를 보였다. 그리고 아브라함 카이퍼(더 정확하게는 그가 아주 큰 영향을 준 정당과 그 언론)는 이준이 사망한 지 4개월 후에 급격히 일본에 대하여 비판적인 입장을 취했다.

2부

아브라함 카이퍼와 그의 정당 '반혁명당'

들어가며: 우리가 몰랐던 만남

소위 기독교 '개혁파'라고 하는 작은 서클에 속하지 않은 사람들은 네덜란드의 정치 지도자였던 아브라함 카이퍼에 대해서 잘 알지 못할 것이다. 한국에서 유명한 네덜란드 사람이라고는 아마 94년 미국 축구 월드컵 대회에서 우리에게 굴욕감을 안겨 준 축구 선수 '데니스 베르캄프'나 2002년 4강 신화의 주인공 '거스 히딩크' 정도일 것이다.

네덜란드는 한국인들에게 꽤나 친숙한 나라이다. 1998년 월드컵에서 5:0의 충격패를 선사해 줬던 네덜란드의 감독은 4년 뒤 월드컵에서 우리나라를 월드컵 4강에 올려 두었다. 어제의 굴욕을 안겨 주었던 그 감독이 오늘의 영광을 안겨 준 것이다.

네덜란드와 우리는 이렇듯 인연이 없지 않지만, 아직까지 두 나라가 매우 친하다고 이야기하기는 어려울 것이다. 네덜란드에는 대략 1만여 명의 한국인이 살고 있다. 이 숫자는 네덜란드 시민권을 획득한 사람들을 포함한 숫자인데, 네덜란드의 1,800만 가까이 되는 인구 중 0.1퍼센트도 되지 않는 정도의 소수만이 이 나라에 살고 있는 것이다. 네덜란드에서 사는 한국인들 대다수는 암스테르담이나 로테르담 같은 대도시에 살고 있다.

필자도 이제 네덜란드에서 5년째 살고 있는 한국인이다. 필자가 사는 곳은 네덜란드의 에이설마이단(IJsselmuiden)이라고 하는, 네덜란드 사람도 잘 모르는 외진 동쪽에 위치한 지역이다. 이 지역은 1시간만 자동차를 타고 달리면 독일에 갈 수는 지역이기도 하고, '바이블 벨트'라고 불릴 만큼 기독교 색이 아주 강한 지역이기도 하다. 일반 공립 학교보다 기독교 학교가 더 많이 보이고, 특별한 일이 없으면 이 지역의 정치인들은 주로 기독교 정당에서 선출이 된다.

이 지역에서 필자가 살아가는 이유는 네덜란드 교회의 아주 작은 해방파 교단(Gereformeerde Kerken Vrijgemaakt)의 '캄펀 신학 대학교'라고 하는 곳에서 박사 공부를 하고 있기 때문이다. 네덜란드에 대해 아무것도 모를 때, 네덜란드에서 온 한 키 큰 사람(Roel Kuiper)이 필자가 다니는 천안시 동남구 삼룡동에 위치한 고려 신학 대학원에 와서 한 인물을 소개해 주었다. 그 인물은 바로 '아브라함 카이퍼'였다. 그 키 큰 사람은 카이퍼가 기독교적 세계관으로 나라에 엄청나게 긍정적인 영향을 주었다고 이야기했다. 당시 30대 초반의 피 끓는 기독교 청년인 나는 그 긍정적인 영향과 영향을 받은 모습이 어떤 모습인지 직접 경험하고 알아보고자 네덜란드 기독교에 대해 양질의 수업을 제공하는 캄펀 신학 대학교에서 공부를 시작하게 되었다.

석사 공부에서는 한국과 네덜란드의 차이를 파악하고 두 나라가 상대 국가의 신학에 어떤 좋은 영감을 줄 수 있을지에 대해 계속 고민했다. 이런 접근 방식은 내게 많은 유익을 주었는데, 단순히 '한 나라가 다른 나라보다 우위에 있는가 열위에 있는가?'라는 질문이 아닌 '어떤 부분들이 서로에게 도움이 될까?'라는 질문을 하게 만들어 주었기 때문이다.

이런 영향은 한국과 네덜란드의 관계를 다시 생각하게 되는 계기를 만들어 주었다. 네덜란드는 17세기 세계를 누빈 대항해 시대의 주역 중 하나였다. 그리고 에라스무스, 렘브란트, 베르미어, 아브라함 카이퍼와 같은 철학, 예술, 신학 등에도 세계적으로 큰 영향을 미친 나라였다. 우리 한국 교회에도 네덜란드의 신학이 큰 영향을 주고 있다. 그러나 필자는 역으로 우리나라가 네덜란드에 긍정적인 영향을 준 것은 없었는지에 대해 궁금해지기 시작했다.

그러던 중에 필자는 네덜란드의 행정 수도 격인 헤이그에 위치한 '이준 평화 박물관'을 방문해 보았다. 이곳에 두 번 방문해 보면서, 갈 때마다 들었던 생각이 있는데, 한국 사람들은 이들에 대해 "졌잘싸(졌지만 잘 싸웠다)", "중꺾마(중요한 것은 꺾이지 않는 마음이야)" 식의 평가만 하고 있는 것 같다는 생각이었다. 즉 이들이 만들어 낸 실효적인 영향보다는 이준 열사의 죽음의 방식, 곧 '그가 분을 이기지 못해 자결한 것인가, 아니면 얼굴에 난 종기 때문에 죽은 것인가?' 따위의 것들이 헤이그 특사에 대한 관심의 중요한 부분이었다.

필자는 전공이 역사학이기에 당시 발간된 네덜란드의 신문들을 뒤지기 시작했다. 그리고 나서 아주 특별한 사건을 하나 발견했다. 바로 헤이그에서 있었던 이준 열사의 장례식이다. 이준 열사의 장례식은 그의 순국 3개월 후인 9월에 열리게 되었는데, 거기에 참석한 사람들은 보통 사람이 아니었다. 참여한 사람은 1906년까지 수권 정당이었던 반혁명당의 아 에이 매카이(A. E. Mackay)였다. 매카이는 반혁명당 정당의 창립자이자 1905년까지 국가 수상이었던 아브라함 카이퍼와 함께 1872년 정치적 신문인 『더 스탄다르트』를 만든 사람이었다. 보통은 한 변방 국가의 외교 사절의 죽음에 이런 막대한 정치적 의미가 있는 사람들이 참여하지 않는다. 만약 서울에서 개최되었던 G20 회의에 국력이 약해 참가를 거절당한 어느 한 미수교 국가의 외교관이 한국에서 사망하였다면, 상징성을 가진 국내 정치적 인사가 과연 그곳에 참가할까?

필자는 네덜란드의 반혁명당 인사들이 왜 이준 열사의 장례식에 참여했는지에 대해 한국인 최초로 연구하여, 2022년 아시아 기독교 역사학회에서 이를 발표해 뜨거운 관심을 모으며 많은 질문을 받았다. 참가했던 대다수의 기성학자들은 이런 사실 자체를 잘 받아들이기 힘들어했다. 그들은 아마도 당시 함께 파견되었던 미국인 헐버트(Homer Hulbert)의 영향이 컸을 것이라고 짐작했다. 아무래도 패권 국가인 미국의 시민권을 가진 사람이 한국인들보다는 네덜란드에 정치적 영향을 끼칠 수 있었을 것이라고 생각했던 것이다.

기성학자들이 이런 식의 사고를 하는 것은 이 학자들이 이미 가지고 있던 선 지식들이 있기 때문이다. 그들은 아브라함 카이퍼를 쉽게 '오리엔탈리스트(동양에 대한 환상이 있으면서, 동시에 동양을 서양보다 못한 나라로 평가하는 서구인들: 필자 주)'로 평가했고, 헤이그 특사들의 역할에 대해서는 그리 중요하게 생각하지 않는 듯 보였다. 이들의 세계는 정치적인 매커니즘이 영혼 없이 돌아가는, 그런 세계로 보였다.

하지만 필자의 상식은 그들과 다르다. 이 세상은 일면 패권 국가들이

원하는 외교 논리가 지배하는 세상이기도 하지만, 사람들 간에 관계를 맺고 살아가는 세상이기에, 큰 변화는 여전히 사람과 사람의 만남 사이에서 일어난다고 믿고 있다. 예전에 한 장로님이 한 선교 단체의 후원을 위해 독려의 말을 했던 것이 기억에 남는다. 그 장로님은 "우리 인생이 상당히 복잡해 보이기는 하지만, 수련회에서의 '강력한 영적 체험'이 많은 사람들을 바꾸어 놓지 않았습니까?"라는 말씀을 하셨다.

한국의 헤이그 특사와 네덜란드의 상징적인 정치적 인물들이 직접 헤이그의 판 에이크라는 공동묘지에서 만난 것은 누구나 부정할 수 없는 사실이다. 필자는 이 만남에서 일어난 일들에 대해 이야기를 풀어 가 볼 것이다. 이 무덤에서 일어난 이야기를 이해하기 위해서는 적지 않은 역사적 배경들이 필요하다. 빅뱅과 같이 엄청난 에너지를 가진 이야기들이 그 작은 무덤가 앞에서 충돌하여 많은 일들이 일어났기 때문이다. 이제 그 긴 이야기를 풀어 보려 한다.

한국과 네덜란드의 연결 고리

한국의 기독교 철학자 강영안, 손봉호 박사는 대표적인 카이퍼학파 학자로 불린다. 이 둘은 장로교 고신 교단 소속이다. 이들은 아브라함 카이퍼가 1880년 네덜란드 암스테르담에 설립한 자유대학교에서 공부했다.

이 둘은 철학 교수로 활동했다. 손봉호 교수는 기독교 시민운동의 지도자로서, 기독교인들의 공적 영역 참여 운동에 기여를 한 공이 있다. 강영안 교수는 기독교 철학자로서 아브라함 카이퍼의 사상을 국내에 활발하게 소개했다.[1]

아브라함 카이퍼의 책은 카이퍼의 사후 50년 이후인 1971년이 되어서야 한국에 번역되어 소개되었다.[2] 처음으로 번역된 카이퍼의 책은 『칼빈주의』였다. 이후 카이퍼의 묵상집과 성경 속 여성에 대한 소책자, 카이퍼의 『성령론』 등이 차례로 번역되었다. 흥미롭게도 2018년부터 아브라

---

1 김은득, "카이퍼 통신 1: 한국 교회의 후배들에게!", 복음과 도시, 2020년 3월 3일, https://www.tgckorea.org/articles/872?sca=%EC%98%88%EC%88%A0%EA%B3%BC+%EB%AC%B8%ED%99%94. 김은득은 손봉호, 강영안, 류호준을 대표적인 카이퍼주의자(카이퍼리안) 학자로 분류한다.

2 아브라함 카이퍼, 『칼빈주의』, 박영남 옮김 (서울: 세종문화사, 1993).

함 카이퍼의 정치 사상에 대한 책들이 소개되기 시작했다.[3]

이런 경향은 다만 학계에서만 있었던 것은 아니다. 교계에서도 카이퍼에 대한 관심이 2020년을 기점으로 크게 늘어 갔다. 한국의 대표적인 장로교회라 할 수 있는 '사랑의교회'는 같은 해 '카이퍼리안' 선언을 했다.

카이퍼의 사상 및 활동을 교회의 이상향으로 삼겠다는 것이었다.[4] 사랑의교회는 한국의 법조 타운이라 불리는 서초동에 위치하여 있고, 주요한 법률가, 국회의원 및 사회 지도층들이 다수 출석하는 교회라 그 의미가 사뭇 남다르다.[5] 이 교회는 카이퍼의 말년에 작성된 『반혁명 정치학』의 번역에 주도적인 책임을 맡았다.

이러한 카이퍼에 대한 한국 교회의 관심에도 불구하고, 카이퍼와 한국의 연결 고리에 대한 연구는 전무하다. 손봉호 교수는 "카이퍼는 생전 한 차례도 한국을 언급한 적이 없다."[6]라고 밝히기도 했다. 그러나 이러한 정보는 잘못된 것으로서 카이퍼와 한국의 관계에 대한 오해를 불러일으킬 수 있다. 카이퍼의 생각 속에 한국은 선명하게 자리 잡고 있었다.

한국에서 카이퍼에 대한 관심이 계속되고 있지만 한국-카이퍼 관계에 대한 선행 연구가 없고,[7] 도리어 한국-카이퍼 관계에 대한 오해가 있는

---

3 2018년 새물결플러스 출판사에서 『아브라함 카이퍼의 정치 강령』이 번역 출간되었고, 그 이후 다함 출판사에서 『아브라함 카이퍼의 영역주권: 인간의 모든 삶에 미치는 하나님의 주권』, 『아브라함 카이퍼의 칼빈주의 강연: 문화 변혁의 기독교 세계관 선언서』가 잇달아 출판되었다.

4 임경래, "사랑의교회 성도들 '21세기 카이퍼리안 될 것' 다짐", 컵뉴스, 2020년 11월 8일, http://www.cupnews.kr/news/articleView.html?idxno=15789.

5 김준수, "[최신정보 4호] 주목받는 사랑의교회 법조인선교회", 평화나무, 2020년 2월 17일, https://www.logosian.com/news/articleView.html?idxno=662.

6 Bong Ho Son, "Relevance of sphere sovereignty to Korean society", In *Kuyper Reconsidered: aspects of his life and work*, 179–89. VU studies on protestant history. Amsterdam: VU, 1999.

7 고훈, "다시 읽는 아브라함 카이퍼(Abraham Kuyper) 연구(2010–2020) 및 그 비판적 성찰", 『영산신학저널』, 58 (2021). 고훈은 국내 카이퍼 연구에 대한 주요 동향들을 상세하게 다루고

상황이다.

이런 상황에서 필자는 아브라함 카이퍼가 1905년 지중해 여행중 했던 사색을 엮은 『이슬람에 관하여』(*On Islam*)를 읽고 카이퍼가 이미 한국에 대하여 3차례 언급한 사실을 발견하게 되었다. 이에 착안하여 카이퍼의 한국에 대한 이해의 발전을 1907년 어간을 통해 살펴보고자 한다.

카이퍼는 1863년부터 1919년까지 다량의 글들을 작성했다. 따라서 카이퍼의 저술을 전부 살펴볼 수 없다는 한계가 있다. 그렇기에 연구의 범위를 카이퍼의 한국에 대한 관심이 극대화되었을 때인, 한국의 헤이그 특사가 네덜란드에 방문한 1907년 전후로 가정하고, 1905년부터 1907년까지 아브라함 카이퍼가 발행하였던 일간지인 『더 스탄다르트』의 유의미한 기사[8]를 차례로 살피고자 한다.

한국과 네덜란드의 관계는 우리가 생각한 것 이상으로 오래되었다. 한국과 네덜란드의 관계를 거슬러 올라가 보면 17세기 한국에 불의의 사고로 불시착했던 벨테브레이(Weltevree, 박연)와 하멜(Hamel) 일당이 있다. 17세기는 네덜란드의 황금기라고 불리던 시기로, 이때에는 네덜란드의 자랑이라고 할 수 있는 개신교 개혁파 신앙이 꽃피었고, 국제 무역으로 인해 유럽에서 가장 진보한 문화와 경제를 뽐내던 시기이기도 하다. 벨테브레이의 난파로 인해 이미 1650년대부터 네덜란드인들은 한국에 관한 소식을 들을 수 있었다.

그런데 그 소식을 일본을 통해서 들었다. 1669년 『네덜란드의 동인도

있다. 아브라함 카이퍼에 관한 연구는 주로 신학과 관련하여 진행되었고, 아브라함 카이퍼와 한국의 관계를 역사적으로 다루는 연구는 아직 소개되지 않았다.

8 『더 스탄다르트』는 1872년 4월 1일 아브라함 카이퍼가 중심이 되어 창간한 일간 신문이다.

회사의 중요한 사절단들』이라는 잡지에서 일본인들은 자신들의 사찰에서 토랑하(Toranga)라는 우상을 섬긴다는 언급이 있다. 그리고 고려의 수도가 평양이었다는 것도 기술하고 있다.

이미 네덜란드인들에게는 한국이란 알려진 나라였다. 네덜란드의 국가 전성기는 17세기로, 이때 네덜란드는 국제 무역을 통해 많은 부를 축적하였고, 축적된 부 위에 미술과 고등 학문들을 크게 발전시켰다. 시간이 지나 19세기가 되어 일본이 국제 사회에서 하나의 굳건한 플레이어로 자리 잡고 동아시아의 강자로 성장하자 한국은 주로 일본과 러시아, 청과 연관 지어 네덜란드에 소개되었다.

JOURNAEL,
Van de Ongeluckige Voyagie van't Jacht de Sperwer/van
Als mede een pertinente Beschrijvinge der Landen/Provin-
HENDRICK HAMEL van Gorcum,
Verciert met verscheyde figueren,
Tot Rotterdam,

〈1668년 출판된 벨테브레와 헨드릭 하멜의 이야기가 담긴 잡지 표지, 제목은 "바타비아의 스페르워 어선의 불운한 항해 일지, 1653년 대만으로 향하던 항해와 그 후 일본으로의 항해, 그리고 고려 왕국에 대한 설명"〉

〈1689년 출간된 『네덜란드 동인도회사의 중요한 사절단들, 네덜란드에서 일본 황제에게』 내의 삽화, 여기에서 일본인들이 숭배하는 한국의 사냥꾼인 토랑하(Toranga)가 묘사되어 있다.〉

이준 열사 파견 당시 네덜란드의 상황

네덜란드는 일본과 러시아의 국제 정치적 함수 관계에 아주 민감했는데, 그 이유는 네덜란드가 소유한 인도네시아 식민지의 안보가 일본의 확장을 통해 심각한 위협에 빠질 수도 있었기 때문이다. 더구나 네덜란드는 러시아의 확장도 그리 반길 수가 없었다. 러시아의 확장은 독일 및 네덜란드의 직접적인 위협이 될 수도 있었다. 즉 이준이 활동하던 시기의 네덜란드는 군사적으로 독자적인 생존이 어려운 상황에 놓여 있었다.

네덜란드는 고에이사의 추억의 게임 「대항해시대 2」에 나오는 그런 나라가 아니었다.[9] 바다를 지배하는 힘을 바탕으로 국가를 확장시킬 여력이 없었기에 중립국화를 통해 국가 안보를 지키고자 했다. 네덜란드를 둘러싼 영국·프랑스는 러시아와 손을 잡고, 이웃 국가 오스트리아-헝가리와 손을 잡고 유럽 땅에서 전쟁을 벌였다. 네덜란드는 살기 위해 이미 1830년부터 중립을 선포했다. 그리고 그 전략은 유효했다.

---

9 필자와 동시대를 살았던 많은 이들은 「대항해시대 2」라는 게임을 통해 세계 지리를 많이 익혔을 것이다. 네덜란드 암스테르담 항구 인근에서는 하이레딘 레이스 및 아이딘 레이스라는 무시무시한 해적들이 배네치안 갤리어스 함대를 거느리며 시비를 걸어 왔다. 필자가 살고 있는 집은 에이설마이단(IJsselmuiden)이라고 불리는 곳으로서, 에이설(IJssel) 강에 닿아 있다. 필자의 집에서 얼마 떨어져 있지 않는 어느 집에는 한자콕이라고 불리는 배의 실물이 전시되어 있다.

네덜란드는 유럽, 미주, 러시아 등 상대적으로 접근이 용이한 지리적 위치를 가지고 있었기에, 이를 적극 활용하여 만국 평화 회의와 같은 중립적인 회의들을 유치하여 자신들의 안위도 지키고 싶어 했다. 네덜란드의 행정 수도인 헤이그(네덜란드어로는 덴 하흐[Den Haag])에서 1898년 제1차 만국 평화 회의가 펼쳐졌고, 미국의 철강 왕 카네기의 기부로 아주 멋있는 평화의 궁이 세워졌다. 이런 네덜란드의 외교적 노력이 있을 때, 네덜란드의 국내 정치는 새로운 정치판이 벌여져 새로운 정치 세력들이 길러지기 시작했다.

네덜란드는 1848년 토르베케(Thorbecke)라는 정치 사상가가 네덜란드의 정교분리를 외치며 네덜란드의 헌법을 수정하게 된다. 그는 네덜란드가 정치적 자유주의에 기반한 나라가 되어야 한다고 주장했다. 정치적 자유주의란 철저하게 이성에 의지하여 사람들을 종교 등 무지의 상태에서 벗어나게 하고, 자유로운 삶을 펼치며 사회를 부강하게 해야 한다는 생각이었다.

네덜란드는 당시 인구의 대부분이 개신교 혹은 로마 가톨릭이었다고 해도 과언이 아니었는데, 그중 약 8~10퍼센트 내외의 개신교도들과 이와 비슷한 숫자의 로마 가톨릭 교도들은 토르베케의 정책이 달갑지 않았고, 토르베케가 깔아 놓은 네덜란드의 정치적 자유주의화를 좋아하지 않았다. 로마 가톨릭 교도들은 바티칸이라는 독특한 고유의 통치 체계를 가지고 있었고, 개신교도들은 네덜란드의 국가적인 정체성이 단일한 사회 체계를 강요하는 독재에 대한 저항이라고 보았기 때문이다.

국가의 자유주의화에 가장 중요한 것이 바로 교육의 문제였다. 교육

체제는 국가 사상을 국민들에게 전체적으로 주입하기 위한 가장 좋은 방식이었다. 자유주의자들은 공립 학교 제도를 새로 정착시키려 했다. 초등학교 학생들 중 50퍼센트가량이 학교에 가지 않고 사회 문제를 많이 만들어 내고 있기도 했다.

이 교육 문제와 관련해서 국가적인 토론이 일어났다. '개혁파 개신교'라는 네덜란드 건국과 긴밀히 연결된 종파의 신도들은 이에 대한 문제 의식을 느끼기 시작했다. 이 종파의 조상들은 소수였지만 16세기 대제국이었던 스페인의 종교적 압제에 힘으로 맞서 이겨 종교적 자유를 쟁취했던 역사를 가지고 있었다.

그래서 그런 역사적인 추억을 공유하고 있는 개혁파 개신교 신도들을 본격적으로 규합했던 사람이 바로 아브라함 카이퍼이다. 아브라함 카이퍼는 개신교(개혁파)의 국가 정체성을 강조하며 개신교들을 모았다. 그의 정치 인생은 1869년에 시작했다. 정치를 시작한 지 32년이 지나 내각의 총리가 된 것이다.

카이퍼라는 사람은 가난한 노동자 및 민중들의 지도자였다. 그는 개신교 노동 조합을 만들고 노동 환경 개선에 힘을 쏟았으며, 네덜란드의 명문 대학인 레이든 대학에서 신학 박사 학위를 받았지만, 그의 목사직 초기부터 평범한 신도들 및 가난한 신도들과 언제나 함께했다. 자신의 뜰에 있는 과실나무를 직접 털어 가난한 신도들에게 열매를 나누어 주기도 했다. 그런 카이퍼는 기독교적 배경이 없는 사회주의 정당과 적극적으로 협력하여 1901년부터 1905년까지 자신의 정당을 수권 정당으로 만들고, 자신은 내각 총리가 되어 국정을 이끌었다.

카이퍼 내각이 들어섰을 때, 네덜란드의 외무부 장관은 한국을 제2차 만국 평화 회의라는 국제 외교 무대로 초청했다. 한국을 알게 된 지 약 200년만의 초청이었다.

네덜란드 반혁명당의 시작

헤이그 특사와 네덜란드 반혁명당의 관계를 이해하기 위해서는, 다소 어려울 수도 있는 네덜란드 역사에 관한 어느 정도의 이해가 필수적이다.

반혁명당이라는 정당은 '네덜란드의 진정한 역사적 정체성'이 자신들에게 있다고 믿는 사람들이었다. 이들은 참된 '네덜란드'라는 국가의 정신적 자본이 자신들에게 있다고 믿었다. 그 정신은 곧 타인 및 타종교에 대한 관용과 토론을 통한 의견의 조율이었다. 따라서 개신교는 다양한 종교가 네덜란드에 공존할 수 있는 시스템을 제공했고, 그 정신적 자본은 계속해서 발전적으로 계승되어야 한다고 믿었다.

당시 이 정당이 설립될 즈음, 네덜란드에는 근대적 의미의 '자유주의'가 국가의 새로운 통치 사상으로 떠오르고 있었다. 이 '자유주의'는 프랑스 혁명의 영향을 받아 네덜란드에 유래되기 시작해 민주주의의 발판을 놓은 사상이었다. 프랑스 혁명은 우리가 흔히 아는 것과 같이 1789년 프랑스의 브루봉 왕가의 절대주의적 통치 방식이 평범한 사람들의 혁명으로 인해 무너지고 민주주의가 시작된 사건이었다.

따라서 자유주의자들은 모든 거주민들이 통치에 참여할 수 있는 시민이라고 생각하지 않았다. 소위 말하는 무식한 사람들은 국가 통치를 위한 시민이 될 수 없다고 생각했다. 시민이 되기 위해서는 시민이 되기 위한 지식과 교양이 필요했고, 이 지식과 교양은 공교육에서 갖추어질 수 있다고 생각했다. 하지만 이 지식은 기독교적 지식을 의미하는 것은 아니었다. 이들이 주장하는 것은 인류 보편적으로 추구할 만한 어떤 가치가 학교에서 가르쳐져야 한다는 것이었다.

반혁명당을 만든 아브라함 카이퍼는 이런 식의 접근 방법에 대해 적극적으로 반박을 하고 나섰다. 세상에는 인류 보편적 지식을 최고의 것으로 보지 않는 사람들도 존재했다. 특히 네덜란드에서는 지식보다 기독교적 신앙과 그 신앙에서 파생되는 원칙으로 살아가는 것을 더 중요하게 여기는 사람들이 있었다. 이들은 지식이 없어도 그 원칙을 가지고 살아간다면 사회가 아무런 문제없이 더욱 발전할 것임을 믿는 사람들이다.

이런 사람들은 주로 배운 것이 많이 있지 않고, 그리 부유하지는 않아도 굳건한 신앙과 애국심을 가지고 살아가는 사람들이었으며, 프랑스의 종교개혁자 장 칼뱅의 교리와 삶의 원칙들을 관용적이고, 타협적인 네덜란드 스타일로 실천하고 있어 '신칼뱅주의자'라고 불렸다.

칼뱅주의자들에게 아이들의 학교 교육은 신앙적인 양심을 형성하는 아주 중요한 것이었고 타협이 불가능한 것이었다. 보편적인 학교 교육은 독특한 교리를 외치는 칼뱅주의의 종교적 사상 등을 담을 수 없었다. 그 교육은 칼뱅주의, 천주교, 급진주의자, 자유주의자들 모두를 위한 교육이 되어야 했기 때문이다. 칼뱅주의자들은 자유주의자들이 이야기하는 보편적 가치들이 그리 필요하지 않는 자들이었다.

아브라함 카이퍼는 전체 인구의 8~11퍼센트에 해당하는 강성 칼뱅주의자들 자녀들의 양심적 자유를 쟁취하기 위한 교육 투쟁을 시작했고, 이것이 정치로 이어졌다. 카이퍼는 적어도 국내에서 한 지배적인 집단이 자신의 세계관으로 사회를 통일하는 일은 없어야 한다고 보았다. 이는 여러 집단들의 양심의 자유로운 표현과 실천을 막는 길이었다. 자유로운 양심의 실천이 없는 국민들에게 활력을 기대할 수는 없었고, 국민의 활력 상실은 국가적으로 큰 손해였다.

그렇다면 이 정당의 창시자인 아브라함 카이퍼가 말한 칼뱅주의의 모습도 우리는 어느 정도 이해하고 있어야 한다. 아브라함 카이퍼가 이야기하는 네덜란드의 칼뱅주의는 "폭군과 물리적으로 싸워 이긴 칼뱅주의 신봉자들"이었다. 우리는 물리적으로 피 흘리는 전투를 벌이는 개신교도를 정서상 받아들이기가 상당히 어렵다. 종교인은 항상 평화로워야 하고 폭력적인 저항보다는 비폭력적인 인내로 저항해야 한다는 일종의 묵언의 합의들이 우리 가운데 내재해 있는 것을 부정할 수가 없다.

〈업무 중인 아브라함 카이퍼〉© Den Haag Gemeente Archief

그러나 1872년 카이퍼를 추종하는 사람들은 우리와 비슷한 생각을 하지 않았다. 아브라함 카이퍼는 프랑스에서 종교적 자유를 찾아 대 스페인 전쟁에 참여한 칼뱅주의자 '바다 거지'들을 자신들의 선조로 삼았다.

카이퍼가 시작했던 더 스탄다르트 일간지는 1872년 4월 1일 첫 호를 발간했는데, 이날은 '바다 거지'들이 스페인의 군참요새 '덴 브릴(den Briel)'을 함락시킨 300주년 기념일이었다. 신문이 발간되는 날 카이퍼는 독자들과 함께 네덜란드 전역에서 이 바다 거지들을 기념하는 다양한 각종 행사를 열었다.

바다 거지들은 거지가 될지언정 칼뱅주의적 양심의 자유만큼은 쟁취하겠다는 굳은 결의가 있는 자들이었다. 이들은 네덜란드인들의 종교적 양심을 힘으로 누르려고 하던 합스부르크 왕가의 필립 2세와 이전에 네덜란드의 개신교도들을 탄압했던 찰스 5세에 저항하는 네덜란드의 백작들과 함께 스페인과 싸워 승리를 쟁취했다.

이들의 승리 이후 네덜란드 전역에서 스페인 합스부르크 왕가에 저항하는 운동들이 급격하게 일어났고, 결국 네덜란드는 80년간의 전쟁 끝에 유럽을 호령했던 스페인을 격퇴하고 처음 독립된 국가가 되었다.

〈덴 브릴 탈환〉

안토니 발도르프(Anthonie Waldorp)의 작품

바다 거지들은 볼품없는 사람들이었지만, 양심의 자유를 위해 소수의 집단이 얼마나 놀라운 힘을 발휘할 수 있는지 보여 주는 하나의 좋은 역사적 사례였다. 칼뱅주의자들이 아닌 네덜란드인들도 이 사건의 중요성만큼은 부정하지 못했다. 네덜란드의 가톨릭 교도들도 이를 기념할 정도였으니 말이다.

〈1574년 빌럼 오란여와 바다 거지들이 레이든 시장 판 더 베르프와 시의회 인물들로부터 환영을 받는 그림〉
안토니스 아로이시우스 임마누엘 반 버다프(Antonis Aloisius Emanuël van Bedaff)의 작품

바다 거지들은 작은 노력으로 큰 영향을 만들어 냈다. 반혁명당 수장인 아브라함 카이퍼는, 온 사회는 수직적으로 조성되어 기계적인 위계성을 가지고 돌아가기보다는 평등한 사람들이 유기적으로 연결되어 상호 주고받는 영향으로 사회가 돌아가는 것이 더 적합하다고 보았고, 사회는 개인의 조합이 아니라 여러 집단의 조합이라고 생각했다.

카이퍼는 가부장 투표 제도를 주장했는데, 이는 카이퍼의 개념 속에 개인이 사회의 최소 단위가 아니라 한 가족이 최소 단위라는 믿음이 있기에 그랬다. 따라서 한 사회가 변화하기 위해서는 특정 집단이 의도적인 노력을 가지고 다른 사회 집단에 강한 메시지를 내는 것이 필요하다고 보았다. 잘 배우지 못한 사람이라 할지라도 이들은 카이퍼가 발행한 신문으로 공부하고, 그 내용을 다른 사람들에게 전하는 데 능했다.

아브라함 카이퍼와 그 정당의 멤버들은 서민적이었고, 그들의 이름과는 다르게 과격함도 가지고 있어 기독교 안에서의 '혁명적 집단'이라는 별칭을 얻기도 했다. 이 정당은 고상하고 똑똑한 자유주의자들과 함께하기보다는 기독교 노동자들과 함께했고, 자신들의 정당이 당선이 어려울 것 같은 지역에서는 사회주의 정당을 밀어 주기도 했다.

이들은 네덜란드의 정치에는 다양성이 존재해야 하고, 가난하고 어려운 환경 속에 살아가는 사람들에 대해 관심이 많은 기독교 정당이었다. 정당의 창립자 아브라함 카이퍼는 1874년 보궐 선거를 통해 처음 하원의원으로 당선되었고, 1878년에는 네덜란드 최초 정치 정당인 '반혁명당'을 창당하게 된다. 아브라함 카이퍼의 이러한 전략적인 선택에는 그의 사회 공동체에 대한 인식이 새겨져 있었다.

카이퍼의 반혁명당은 이후에 교육 이슈 이외에도 각종 이슈들을 담당하는 종합 정당으로 거듭나게 된다. 이런 카이퍼의 정당은 자유주의 정당을 제외한 다른 정당인 가톨릭 정당, 사회주의 정당과 적극적으로 연대하며 1901년 정권을 만들어 냈다.

제국주의자 카이퍼와 평화주의자 레인든의 불편한 동거, 그리고 용감한 한국 초대

1903년 4월 1일 네덜란드 외무부 장관 레인든(R. Melvin Baron van Lynden)은 해외 주재 네덜란드 대사관에 대한 제국과 과테말라가 '국제 분쟁의 평화적 정착을 위한 협정'에 가입하기를 원한다는 것을 주재국에게 통지하였다.[10] 1905년 을사조약이 열리던 해, 그는 한국이 국제 분쟁에서 조정을 통해 평화 유지 프로세스에 참가하는 것을 도왔다.

그런데 그는 장관으로서 성공한 사람은 아니었다. 그의 장관직은 사람들에게 큰 인상을 주지 못했고, 심지어 장관에 임명되고서 얼마 지나지 않아 아무 열매도 없다는 혹평을 들었다.[11]

그는 헤이그의 상설 중재 법원장이라는 것과 하원 의원에서 연설을 잘할 것 같아 반혁명당 내각 총리였던 매카이가 추천하여 외무부 장관직에 올랐다. 그러나 매카이는 그에게 "신중한 것에 대해 좋은 평가를 했지만 '유아적'"이라는 평가를 내렸다. 레인든이 기존 정치인들만큼 노련하게

10 김원수, 『헤이그 만국 평화 회의 특사외교와 국제관계』 (서울: 선인, 2016).
11 Roel Kuiper, *Zelfbeeld en Wereldbeeld* (Kampen: KOK, 1992), 217–218.

움직이는 그런 성격은 아니었기 때문이다.

카이퍼는 그에 대해 그리 호의적이지 않았다. 레인든도 단순히 카이퍼를 추종하지 않았다. 카이퍼는 그를 무시하고 독자적으로 외교 업무에 개입했다. 카이퍼는 레인든 대신 자신과 뜻이 잘 맞는 판 헤이키어런(Van Heeckeren)을 통해 외무부의 업무에 지속적으로 개입했다.

역사학자이자 네덜란드 기독정당 기독연합(CU) 당수 출신이었던 룰 카이퍼(Roel Kuiper)는 카이퍼와 레인든의 관계를 이렇게 설명한다.

> 그러나 카이퍼는 비공개로 (영국과 독일의) 중재 노력을 계속했습니다. 판 레인든은 자신의 위치를 재고해야 할 필요가 있었습니다. 그러나 그는 그렇게 하지 않았고, 이로 인해 그의 처지는 처음부터 내각에서 좋지 않은 명성을 가지게 되었습니다. 이 판 레인든의 약한 수준의 반대와 그의 미션의 성공에서 힘을 얻은 카이퍼는 독자적으로 해외의 영향력 있는 인물들과 접촉하기 시작했으며, 판 레인든은 때때로 이에 반대했지만 그리 말끔하게 이의를 제기하지는 못했습니다.[12]

룰 카이퍼는 레인든의 소극적인 반대에 대해서만 소개했지만, 레인든은 당내 절대적인 영향을 끼쳤던 카이퍼와도 맞설 용기가 있었던 사람이었다. 레인든은 카이퍼가 노동자를 보호하는 법률 제정을 이야기했을 때 이를 공개적으로 조롱하기도 했다.

그가 장관직에 있을 때 네덜란드는 러일 전쟁과 관련하여 러시아 함대

12 위의 책, 218.

의 인도네시아 해협 통과와 관련한 논쟁이 있었다. 러시아와 가까웠던 독일의 빌헬름 2세는 네덜란드에게 만약 영-독 전쟁이 벌어질 경우에는 독일에 충성을 다하라고 경고했다. 독일은 영국으로부터 네덜란드의 해안선 방어에 관심을 더 가질 것이라고 이야기를 했다. 문제는 동시에 일본의 동맹국인 영국이 네덜란드-인도 바다를 보호하고 있다는 점이었다. 어떤 선택도 어려웠다.

하지만 네덜란드는 영국과 남아프리카에서 갈등하고 있는 문제가 있어, 아브라함 카이퍼는 남아프리카의 영토 보존을 위해 독일과 가까워지는 것을 선호했다. 카이퍼는 유사 제국을 추구하기 위해 국제적 중립 수호를 원치 않았다. 네덜란드의 역사가 얀 더 브레인은 "카이퍼의 제국주의적 경향"[13]에 레인든이 동의할 수 없었다고 했다. 1902년 4월 카이퍼의 베를린 방문 이후, 해외 언론에서는 독일, 오스트리아, 헝가리, 이탈리아와 네덜란드의 동맹설이 붉어져 나왔다.[14]이런 정신은 레인든이 몸 담았던 만국 평화 회의 정신과 맞지 않았다. 따라서 레인든은 카이퍼에 동의하지 않았다. 카이퍼와 레인든이 동의하는 것은 당의 교육 정책과 관련한 것뿐이었다. 빙켈(F. A. Winckel)은 이 둘이 같은 외교적 정책을 가지고 있다고 보기에는 어렵다고 이야기했다.[15]

제국주의를 반대하고 평화 네덜란드의 전통적인 중립국 정책을 추구하는 레인든은 카이퍼와 다르게 제국주의 열강 속에서 고생하는 한국을

---

13 Jan de Bruijn, *Abraham Kuyper: Een Beeldbiografie* (Amsterdam: Bert BAkker, 2008), 270.
14 위의 책, 270.
15 W. F. A. Winckel, *Leven en arbeid van Dr. A. Kuyper* (Amsterdam: Uitgave W. Ten Have, 1919), 95.

배제하지 않았다. 꾼 드 꿰스터는 레인든이 1904년 5월에 가맹국들 사이에서 한국의 제2차 만국 평화 회의 참석과 관련한 합의를 도출하려 했다는 점을 밝혀 냈다.[16] 한국과 같은 국가가 제국으로부터 보호된다면, 네덜란드의 제국주의적 확장 욕구뿐만 아니라 국제 조약을 무시한 다른 여타 나라들의 제국주의적 확산도 막을 수 있는 명분과 선례가 생기는 것이었다.

레인든이 한국을 보호하고자 하는 배경에는 레인든의 개인적인 배경도 무시할 수 없다. 그는 올곧은 법관으로서 존경받는 사람이었다. 반혁명당의 신문 『더 스탄다르트』는 1883년 6월 20일 이런 이야기를 담았다.

> 우리 정보에 따르면, 우트레흐트 대학생들이 저지른 폭행 사건의 수사 지휘권은 레인든 씨에게 맡겨졌다고 한다.
> 우리는 이 사실을 충분히 알고 받아들인다. 이 사법관은 우리 중 가장 예리하고 역동적인 판사로 널리 존경받으며, 또한 품위를 지키고 공정한 판단력을 가진 사람으로 알려져 있다. 따라서 정직하고 진지한 조사가 있으리라는 보장을 여기에서 찾을 수 있다.

레인든 외무부 장관은 개혁파 개신교도였고, 국제법에 능통한 박사였다.[17] 이 때문에 헤이그 평화궁에 위치한 상설 중재 법원의 사무총장이

---

16 꾼 드 꿰스터, "1907년 헤이그 특사의 성공과 좌절", 『한국사학보』 30 (2008), 315.
17 Klinkert, "Robert Melvil Baron van Lynden", 2에서 정보를 가져왔음을 밝힌다

되었으며, 뛰어난 외국어 실력으로 인해 다른 국가의 외교 인사들과도 아주 좋은 관계를 가지고 있었다. 그러나 그는 다수의 말을 진리로 받아들이는 민주주의자는 아니었다.

레인든은 "(민주주의는) 국가의 이익보다는 자신들의 이익을 구하는 많은 수의 대중의 손에 권력을 주기 때문에"[18] 보통 선거를 반대했다. 이런 주장은 당의 일부 입장을 반영하는 것이었으며, 다수의 지지를 받고 있었던 자유주의 정당의 입장이었다. 이는 민주주의에 있어 정치 철학과 원리에 의해 투표권이 행사되지 않을 경우 사회가 윤리적 문제를 일으킬 수도 있다는 우려가 담긴 말이었으며, 다수의 판단이라고 다 옳은 것이 아니라는 그의 고집 섞인 신념이 담겨있는 말이었다. 즉 이 정당은 민주주의에 대해 부분적인 찬성과 부분적인 반대를 하고 있었다.

이런 그의 관점은 왜 한국을 만국 평화 회의에 초대하려 했는지를 시사해주기도 한다. 다수의 결정보다는 원칙의 힘을 믿고 있었던 레인든은 대세를 거슬러 한국을 끌어들였다. 네덜란드 외무부 장관이 대표를 맡는 만국 평화 회의의 모토는 '법 위의 권력'에 반대하는 것이었다. 그는 다수의 합의된 동의보다는 법과 원칙의 적용을 중요하게 생각했다. 이런 레인든의 반응은 미국과, 러시아, 영국, 일본 등에서는 찾아볼 수 없었다. 국제 사회의 소위 '주류'들은 한국을 독립 국가로 인정하는 것에 있어 관심이 없었다.

레인든은 결국 러일 전쟁에서 인도네시아 해역의 러시아 함선의 보급 및 통과 문제와 관련해 카이퍼와 심한 갈등을 겪고 나서 더 이상은 외무

18 Klinkert, "Robert Melvil Baron van Lynden", 2.

부 장관직을 버틸 수 없게 되었다. 카이퍼는 1904년 12월, 러일 전쟁과 관련해서 간접적으로 러시아를 돕고자 했다. 네덜란드령 인도네시아에서 러시아 배의 석탄 공급을 도와 영국의 동맹국인 일본의 영향력을 약화시키고자 한 것이다. 영-일 동맹국의 타격은 영국과 갈등하는 남아프리카의 네덜란드인들에게는 이익이 되었다. 여기에 레인든은 인도네시아의 해역에서 러시아 함대에 대한 폐쇄 가능성을 러시아 대사에게 전달했다. 러시아를 간접적으로 지원할 수 없다는 강한 메시지였다. 이는 레인든과 카이퍼와 정면 승부였다. 룰 카이퍼는 당시 상황을 이렇게 전한다.

> 30일에 카이퍼는 의회에서 사회주의자 판 콜의 질문을 받았습니다. 레인든의 해임에 대해서 카이퍼는 러일 전쟁과 관련한 국가의 이익을 언급하며 아무 말도 하지 않으려고 했습니다. 여기에는 일부 사실이 담겨 있습니다.[19]

카이퍼는 '중립 외교의 원칙'이라는 네덜란드 외교 질서에 반하는 행동을 했기에, 아무 말도 할 수 없었다. 그리고 그는 원칙에 의거하며 국익에 반해 보이는 주장을 펼치는 레인든을 외교부 일에서 배재시켰다. 이에 판 콜(Van Kol)이라는 사회주의자는 종교가 다름에도 불구하고, 레인든의 소신을 지지하고 카이퍼를 비판했다.

---

19 Roel Kuiper, *Zelfbeeld en Wereldbeeld*, 220.

〈레인든의 초상〉 출처: 네덜란드 의회 홈페이지

레인든의 개인 성향을 생각해 봤을 때, 그는 철두철미한 원리 원칙 주의자였을 가능성이 높다. 그가 한국을 동정했기 때문에 만국 평화 회의에 초대하려 한 것은 아닌 듯 보인다. 한국이라는 국제적 지지가 부족한 나라라 할지라도 만국 평화 회의의 설립 목적을 생각해 보았을 때, 초대하는 것이 마땅하다고 본 것이다.

반혁명당의 소신파 외무부 장관 레인든은 만국 평화 회의의 원칙을 한국에도 적용하고자 했다. 이처럼 한국에서는 상동교회 전덕기 목사의 주도로 헤이그 특사 파견이 준비되고 있었지만, 헤이그 특사 맞이를 준비하고 있는 네덜란드에서도 이런 일들이 벌어지고 있었다.

오리엔탈리스트, 제국적 선교가 아브라함 카이퍼

앞서 카이퍼가 한국을 전혀 몰랐다고 주장한 손봉호 교수의 입장과는 달리 아브라함 카이퍼는 한국에 대해 아주 잘 알고 있었다. 러일 전쟁은 1904년 발발했는데, 당시 수상이었던 아브라함 카이퍼는 전쟁에 촉각을 세우지 않을 수 없었다. 러시아 혹은 일본이 쟁취할 전쟁의 승리는 어떻게든 네덜란드에 영향을 주게 되어 있었다. 이 전쟁이 한반도에서 일어났을 때 일본의 확장은 식민지 인도네시아 수호에 위협을 줄 수 있어 네덜란드에 불리했고, 러시아의 승리는 독일의 바람대로 러시아 침략의 방향을 아시아로 돌릴 수 있어 유리했다.

이런 국제적인 정세와 엮어 한국을 이해하는 것과는 다르게 카이퍼는 개인적으로 세계를 보는 독특한 관점을 가지고 있었다. 그의 정치관은 기독교 신앙과 아주 밀접한 관계를 가지고 있었는데, 간단한 예로 그는 '영역 주권론'을 주장했다. 그는 하나님께서 그 아들 예수 그리스도에게 이 세상에 대한 왕권을 주셨기 때문에, 그 누구도 이 세상 전체의 '왕 노릇'을 하려고 하면 안 된다고 생각했다. 한 국가에서도 예수 그리스도께서 실질적인 왕이시기 때문에, 정치, 교육, 종교, 사회 운동 등 각 분야의 사람들은 주어진 영역 내에서 왕이신 예수로부터 부여받은 권한만을 사용해야 한다고 믿었다. 그래서 그는 정치적으로도 교육 및 사회의 자율적 운영에 대해 많은 강조점을 두었다. 정부보다는 '협회'에서 운영에 대한 전반적인 책임을 지는 것이 그가 선호하는 바였다.

한국에 대한 카이퍼의 입장에서도 이런 카이퍼의 신앙적인 면이 반영되었다. 아브라함 카이퍼는 본인의 한국에 대한 국제 정치적인 역학 관계에서의 입장과 개인의 신앙이 반영된 입장을 한 책에서 밝혔다. 그 책은 카이퍼의 총리직 종료 직후 떠난 여행에서의 수필 *Om De Oude Wereldzee*(오래된 세계의 바다에서)였다.

〈카이퍼의 시각으로 한국을 소개한 아브라함 카이퍼의 *Om De Oude Wereldzee* **(오래된 세계의 바다에서)의 화려한 표지〉**

카이퍼는 1905년에 이슬람 국가들이 밀집한 지중해 지역으로 여행을 다녀왔는데, 이 책에서 아시아에 대한 상세한 정보들을 제공한다. 그는 아시아에 대한 첫 언급을 아래와 같이 했다.

> 약자들은 강자들을 추종함에 따라 형편없이 무장했고, 형편없이 조직되었다. 그러므로 아시아는 유럽이나 미국과 동등하게 설 수 없다.[20]

---

20 Abraham Kuyper, "Chapter 1, The Rise of Asia" in *On Islam* (Lexham Press, 2018).

그는 아시아와 서구권의 군사력의 차이, 정치적인 조직력, 그리고 강자를 추종하는 아시아의 '본성'이 아시아가 서구를 따라갈 수 없는 원인이라고 보았다. 카이퍼는 국가의 힘을 비교할 때 군사력과 정치적 조직력을 국력 비교의 근거로 삼았다. 아시아의 문제는 전적으로 "아시아의 실력 부족"이라는 친일 사회 개화론자들과 같은 생각을 공유하고 있었던 것이다.

카이퍼는 신학자이자 네덜란드의 정치 지도자였고, 약자들을 위한 정책을 활발히 펼친 사람이었다. 그런 그는 한국과 같은 아시아의 국가가 강한 나라의 부당한 무력 사용으로 억압을 당하고 있는 것에 있어서는 무감각했다. 또한 그는 네덜란드 국내에서는 소수자였던 정통 개혁파 성도들의 권리를 위해 싸운 사람이었다. 그래서 소수의 권리를 보존하기 위한 다양성의 가치를 추구한 신학자라고 당대에 명성이 높았다. 하지만 그는 아시아의 어려움의 책임 소재에 대해서도 단순히 "아시아의 능력 부족"이라는 잔혹한 판단을 내렸으며, 일본의 식민지 논리 또한 정당하게 보았다.

> 심지어 일본인들이 대규모로 남쪽으로 이주하는 것에는 별 관심이 없고, 지금 한국과 만주에서 식민지를 찾고 있다 할지라도 그들 중 일부는 다른 지역에 살기 시작했고, 그들이 일본의 정체성을 가지고 있든 (전파하기 위한: 역자 주)대리자들이라는 것에 대한 주장은 사실에 가깝다. 필리핀은 이미 7만 명이나 되는 일본인들의 집이 되었다. 충분한 성숙을 통해 스스로 발전을 얻은 아시아 국가들 중 일부가 독립을 확인하는 것에 대한 논쟁을

제기하는 것은 우스운 일이다. 식민지를 가진 강대국들에게는 어려운 일이겠지만, 더 높은 관점에서 수백만 명이 수면이나 사망의 상태에서 큰 활력을 가진 상태로 나아가는 것은 기뻐할 만한 일이어야 한다.[21]

카이퍼는 일본이 아시아 남부로 확장하는 것에 대해 우려를 표하는 동시, 식민지를 삼는 것은 잠들거나 죽은 문명들이 깨어나는 것을 돕는 좋은 일이라고 생각했다. 도리어 식민지 경영은 강대국들이 덜 발달한 나라를 돕는 고생스러운 일이라는 표현까지도 했다. 카이퍼에게 식민지는 소위 계몽을 위한 좋은 도구였다.

카이퍼는 아시아에 대한 이야기에서 한 발자국 더 나아가 한국에 대한 이야기로 논의를 확장시킨다. 그는 한일 합방을 정당화했다. *On Islam*(이슬람에 관하여)를 쓴 시기가 1905-1906년 사이인데, 바로 을사조약이 체결되던 그 순간이다. 당시 카이퍼는 을사조약의 존재를 알고 있었고, 을사조약을 지지했다. 그가 뭘 잘 몰라서 을사조약을 지지한 것이 아니다. 그는 을사조약이 "일본의 한국 병합"이라는, 문서 너머의 진실도 이미 잘 파악하고 있었다.

일본이 한국을 병합한 것은 만주에서 어떤 것이 작동하고 있는 것과 같이 중요하고 좋은 것이다. 일본은 경제적으로 아주 빠른 성장을 하고 있다. 적당한 배당률로 유럽의 엄청난 자본이 (일본에) 투자되고 있다.[22]

21 위의 책.
22 위의 책.

여기서 다시 짚고 넘어가야 할 것은, 을사조약 문서에는 일본이 한국의 독립을 지원한다고 적혀 있었다 할지라도, 일본의 속내는 한국 통치였다는 것이다. 일본은 이미 1904년 5월 31일 "제국의 대한 방침", "대한시설 강령 결정의 건"이라는 정치적 결정을 내렸다. 그 내용은 "한국을 일본에 종속시키기 위해서 한국의 보호국화를 일차적으로 추진할 것으로 규정"한 것이었다.[23] 일본은 소위 '화전양면' 전술을 펼치고 있었는데, 카이퍼는 그 전략을 꿰뚫어보고 지지하고 있었던 것이다.

이런 카이퍼의 언설은 그가 가진 사상에 대해 심각한 의문을 가지게 만들어 준다. 그는 네덜란드에 가난하고 어렵게 살아가는 노동자들을 옹호하는 인물이었다. 그리고 항상 당시 투표권을 가지지 못했던 소수 개혁파들의 교육에 대한 자율을 외친 "작은 시민들"을 위하는 사람이었다. 그런 그가 한국을 유럽의 돈벌이 수단으로만 본 것이다. 즉 네덜란드 및 유럽 자본의 이익을 보장해 주며 경제 성장을 이루기만 한다면, 두 국가의 합병은 문제가 없다는 것이었다.

카이퍼는 한국의 종교 발전사에서도 정확한 인식을 보여 주었다. 한국이 이런 곤경을 겪는 이유에는 한국인들의 종교적 문제도 있었다. 카이퍼는 일본이 한국으로부터 불교를 전수받았지만, 기독교 선교사에 대해서나 기독교에 대해서 1875년 이후로는 박해를 하지 않아 국가가 성장했다는 점을 강조했다. 이는 간접적으로 한국은 선교사들을 박해하여 일본보다 못한 나라가 되었다고 여기는 그의 인식을 나타낸다.

---

23 오가와라 히로유키, "이토 히로부미의 한국 병합 구상과 조선 사회", 88.

> (일본의) 불교는 한국으로부터 6세기 이전에 전파되었습니다. 그 시기는 이미 공자가 엄청난 추종자를 얻게 된 이후였습니다. … 일본이 유럽에 문을 열고 나서 유럽의 문화를 적용한 후 그 안의 지배 영역들은 구체제를 버렸습니다. 그것과 함께 자연스레 (기독교) 탄압은 끝나게 되었고, 새로운 종교의 자유는 선명해졌습니다. 로마 가톨릭, 그리스 정교회, 그리고 개신교 교회들은 그들의 일본 선교를 갱신했고, 침례파 기독교인들 중 고위 관료들과 유명인들이 있습니다.[24]

카이퍼는 문명의 전파가 일본의 종교적 자유를 보장해 주는 데 역할을 했다고 보았다. 서구 선교사들은 선교 사업에 유럽의 문화가 들어가는 것이 더 도움이 되는 것으로 보았다. 이런 식의 사고방식은 아브라함 카이퍼의 식민지에 대한 인식을 잘 알려 주는 바이기도 하다.

그에게 있어 종교의 자유가 없는 한국은 유럽의 문화로 어느 정도 '다리미질'이 필요한 나라였을 것이다. 한국이 이전까지 길러 왔던 문화와 문명들은 그에게 있어 그다지 고려 대상이 아니었다. 그는 유럽 문화를 동경하는 일본이 가져온 역사적 성과에 관심이 많았다. 그의 이야기를 들어 보면 마치 '유럽화'가 자신이 생각하는 발전을 가져오는 '만능열쇠'라도 되는 듯 보인다.

아브라함 카이퍼의 이 글이 중요한 이유는, 그가 정치적인 정점에 섰던 내각 총리직을 마칠 때 이 글이 쓰였다는 점이다. 카이퍼의 공식적인 입장은 일본의 한국 지배가 정당하다는 것이다. 그의 정치 정점에 쓰여진

24 Abraham Kuyper, "Eastern Religion and the Western presence" in *On Islam*.

한국에 대한 관점은 충격적이라고 하지 않을 수 없다. 그는 과연 온 인류를 사랑하는 하나님을 믿었던 것일까, 아니면 네덜란드 및 유럽만 사랑하는 하나님을 믿었던 것일까?

물론 혹자들은 아브라함 카이퍼의 의견에 전적으로 동의하는 이들도 있을 것이다. 한국은 당시 미개했고, 서구화가 되지 않아 종교를 탄압했기에 일본 등 진보한 나라의 통치가 도움이 되었을 것이라는 이야기 말이다. 그런 이야기에 동조할 사람들은 그리 많지 않다. 일본의 식민지배에는 이권 수탈이 뒤따랐고, 더 나아가서는 전시 동원, 강제 노역 등 비참한 역사들이 뒤따랐다.

서울시 서초동에 위치한 모 교회에서는 "21세기 카이퍼리안 선언"이라는 구호를 외치며, 카이퍼의 사상 보급에 힘을 쏟고 있다. 이러한 주장은 대한민국의 국가 정체성을 훼손하는 상당히 위험한 문제가 될 수도 있다. 일제 지배를 긍정하는 시간 속에서 나온 카이퍼의 사상들을 우리는 결코 비판 없이 숭상해서는 안 된다.

3부

더 스탄다르트지에 보도된 이준과 한국

들어가며: 아브라함 카이퍼와 『더 스탄다르트』의 관계

그렇다면 그 이후 아브라함 카이퍼의 생각에 변화는 없었을까? 그는 정계의 정점인 총리직 임기를 마쳤지만, 여전히 제1야당 반혁명당의 당수였다. 그리고 당의 신문이자 개혁파 기독교인들을 위한 신문인 『더 스탄다르트』를 지배하고 있었다.

아브라함 카이퍼는 더 스탄다르트지를 1872년 4월 처음 발행한다. 이 신문은 그가 정당을 만들기 이전 정치적 결사체를 조직하기 위해 만든 신문이다. 카이퍼는 1869년 『더 히어라웃』(*De Heraut*)이라는 주간지의 기자로 입사한 이후 1870년 주간지의 편집장이 갑작스럽게 사망하는 관계로 편집장이 되었다. 그리고 1871년 네덜란드 하원 의원 선거에서 기독교 6개 언론 결사체를 만들어 선거 캠페인을 벌였다.

카이퍼는 1907년까지 이 신문에 아주 결정적인 역할을 끼친다. 네덜란드의 언론 역사가 레빙크(Levinck)는 "뉴 로테르담셔 쿠란트는 1897년 헌정사에서, 아브라함 카이퍼는 아마도 다른 네덜란드 신문의 편집장들보다는 신문 전체 내용에 덜 간섭했을 것이다."[1]라는 기사를 인용하면서

1 Jules Prast, "De mannen achter De Standaard" in *Auteursrechtelijk beschermd*, 15.

도, 카이퍼의 영향력은 1890년을 기점으로 점점 무거워졌다고 밝혔다.

> 신문사의 소유권을 1887년에 옮긴 이후, 더 스탄다르트는 이제 진정한 '카이퍼의 신문'이 되었다. 그럼에도 불구하고 신문사의 경영을 실행하는 것과 실질적 방향을 정하는 것은 시간이 갈수록 줄어 갔다. 카이퍼가 내무부 장관직을 얻은 1901년 지출에 대한 권한을 예이 베이 레이서와 에르 쎄이 페르베이크에게 넘겨주었다. (그럼에도 소유권은 포기하지 않았다.) 그의 장관직이 끝날 1905년 카이퍼는 다시 더 스탄다르트와 긴밀하게 엮였고, 전과 같이 신문의 방향을 분명하게 제시하였다.[2]

카이퍼의 언론을 연구한 다른 역사가 후브 웨이플레스(Huub Wijfijes)도 이렇게 이야기했다.

> 카이퍼는 약 12,000명 독자들의 생각을 47년간 이끌어 왔다. 이들은 카이퍼의 비전을 가지고 수많은 영역에서 토론을 이어 갔다. 많은 자료들은 카이퍼의 생각을 기억하고 배포하기 위해 독자들이 자신들의 학교 공책에 카이퍼의 기사 일부를 받아 적기까지 했다고 언급한다. 카이퍼와 그의 뉴스의 진정한 영향은 현대적인 배포의 개념에서 추측하는 것보다는 훨씬 더 컸다고 할 수 있다.[3]

---

2 위의 책, 204.

3 Huub Wijfjes, 'Digitaal zoeken naar de geest van driestar Abraham Kuyper | Koninklijke Bibliotheek'. https://www.kb.nl/blogs/nederlandse-geschiedenis-en-cultuur/digitaalzoeken-naar-de-geest-van-driestar-abraham-kuyper. (2022년 1월 2일 접속).

이와 같이 우리는 카이퍼의 신문 『더 스탄다르트』를 카이퍼가 실질적으로 지배하고 있었다는 것을 알 수 있고, 이 신문의 영향력이 구독자들에게 강하게 미치고 있었다는 것을 확인할 수 있다.

헤이그 특사 입국 전, 더 스탄다르트지의 한국 보도

1905년부터 1906년 말까지 카이퍼와 『더 스탄다르트』는 주권국인 한국의 상황을 고려하지 않고서 자신들만의 이해로 한반도의 상황을 기술했다. 카이퍼가 『오래된 세계의 바다에서』(*Om De Oude Wereldzee*)라는 책에서 한국을 언급했을 시기에, 그의 신문 『더 스탄다르트』도 한국에 대한 뉴스를 보도했다. 카이퍼는 여행차 네덜란드를 떠나 있었지만, 신문은 카이퍼의 관점을 재생산하고 있었다.

1904년부터 시작된 러일 전쟁이 한반도에서 일어났고, 인도네시아를 식민지로 가지고 있던 네덜란드는 일본의 세력 확장에 관심이 곤두서 있었다. 그런 관심의 반영으로 1905년 한 해 동안 '한국(Korea)'은 총 93일간 신문에 보도되었다.

아브라함 카이퍼는 1905년 8월 17일까지 총리직을 수행하고 있었다. 러시아와 일본의 싸움은 서방과 아시아의 힘의 균형 추이를 알려 주는 시금석 역할도 했기에 한반도는 아브라함 카이퍼가 모르고는 지나칠 수 없는 곳이었다.

『더 스탄다르트』는 주로 "런던 채널"을 통해서 한반도의 소식을 전했다. 런던에 일본 영사관이 있었고, 일본과 영국은 아시아 국가에서 상호 이익을 위한 조약을 체결한 상태였기 때문이다. 『더 스탄다르트』는 한국의 소식을 전하기는 했으나, 국제 관계 속에서 주권을 잃어 가는 억압받는 한국인들에 대한 입장은 냉소적으로 소개했다.

> 한국인들은 평화가 이뤄졌을 때 스스로를 그 조약의 피해자라고 생각한다. 8천 명의 하와이에 터를 잡고 있는 한국인들은 루즈벨트 대통령에게 평화 조약을 반대하며 전보를 보냈다. 그들은 그들의 1,200만 애국자들의 감정이 표현되어야 한다고 주장한다. 그리고 일본 폭군의 위협에 맞서 한-미 조약을 상기시키며 미국의 도움을 구하고 있다. (하지만) 그들은 큰 도움을 주지 못할 것이다.[4]

1903년부터 102명의 한국인들은 하와이의 사탕수수 농장의 값싼 노동력을 제공하기 위해 이주했다. 그곳에서 한국 최초로 해외 한인 감리교회가 설립되었다. 설립 날짜는 1903년 11월 11일이었다. 하와이 한인감리교회에 따르면, 절반 이상의 하와이 이주민은 인천내리감리교회 출신이었다. 아브라함 카이퍼 및 『더 스탄다르트』가 이들이 기독교인이라는 사실을 알고 있었는지는 알 길이 없지만, 카이퍼가 1905년 당시 소수민족의 이익에 대한 진지한 관심이 없다는 것은 확인할 수 있다.

1905년 7월 5일 『더 스탄다르트』의 한국 보도는 한국에 대한 이 신문의 논조를 명확하게 밝혀 준다. 일본은 러일 전쟁에서 승리하며 만주와

---

4 *De Standaard*, 1905년 9월 7일 보도.

〈하와이에 한국 이주자를 운반한 Garlic호〉

출처: Murabayashi 기타, "Korean Passengers Arriving at Honolulu, 1903–1905".

〈하와이 사탕수수 농장에서 일하는 한국인 노동자들〉 출처: 보스턴 신학대학교

한반도의 주도권을 쥐게 되었다.

> 이 전쟁(러일 전쟁)은 물려받은 것이 없는 극동 지역의 계층들에게 진정한 이익이라고 할 수 있다. 한국과 만주 지역의 원주민들에게 얼마나 놀라운 미래가 펼쳐져 있는가![5]

카이퍼와 반혁명당, 그리고 이들의 기관지 격인 『더 스탄다르트』는 일본을 극동 아시아에 있는 국가들에게 상당한 유익을 주는 존재로 보았다. 당시 친일 개화파들이 이런 생각을 가지고 있었고, 일진회 등이 이런 생각에 동조했지만, 이준을 비롯한 많은 인물들은 이제 국가를 일본에게서 지켜야만 한다는 굳은 생각을 갖게 된 때였다. 반혁명당의 주장은 당시 한국인들에게 매우 잔인했을 것이다. 이런 식의 관점은 카이퍼의 저서 *On Islam*(이슬람에 관하여)의 내용과 정확하게 일치한다. 카이퍼가 이런 사고방식을 가지게 된 것은 그의 신학도 한몫했다.

> '정부'는 성경의 첫 페이지가 쓰이기 이전부터 존재했다. (이 나라에는) 항상 정부가 존재해 왔고, 지금까지도 한국과 시암, 중국과 기타 국가 등 성경에 대한 지식이 정부를 관통하지 못하고 있을지라도, 정부는 항상 존재해 왔다.[6]

---

5 *De Standaard*, 1905년 7월 5일 보도.
6 *De Standaard*, 1906년 1월 5일 보도.

카이퍼는 성경이 쓰이기도 전 한국의 역사가 시작된 것을 알고 있었다. 하지만 한국이 기독교와는 동떨어진 나라라는 생각을 하고 있었다. 카이퍼와 『더 스탄다르트』는 같은 의견을 공유한다.

> 그래서 예를 들자면, 아무것도 하나님의 말씀으로부터 취한 적이 없는 한국의 황제는 무엇인가를 할 때 하나님의 말씀과 반대로 하였을 것이다. 그는 (이런 잘못의 책임으로부터) 자유롭게 열외되지 않는다. 그것은 그의 죄이며, 그에게 죄책을 준다. 하나님을 무시하는 그들의 행동은 아마도 최후 심판의 때에 하나님께서 유죄라고 선언하실 것이다. '아버지 그들을 용서하소서. 그들은 그들이 하는 일을 모릅니다.' 이 예수님의 기도에 따르면 한국의 유죄는 확실하다. 그러나 죄책이 만들어졌을 때에는 용서받을 수 있다. 죄책이 없으면 용서도 없다.[7]

카이퍼는 한국의 오랜 역사를 모르는 바가 아니었다. 그리고 당시 한국 왕의 호칭도 황제임을 알고 있었다. 즉 조선과 대한 제국의 차이를 인지하고 있었다는 것이다. 카이퍼와 『더 스탄다르트』가 한국의 입장을 대변해 주지는 않았지만 한국의 연약함도 알고 있었다. 하지만 이들이 대한 제국 내 기독교인들이 있다는 것을 알고 있음은 1905년 보도에서 확인되지 않는다. 카이퍼는 한반도에 개신교 선교가 이미 시작되었다는 것을 모르고 있었거나, 중요하지 않게 생각했음이 틀림없다.

카이퍼가 한일 합방을 지지하고 한국의 편에서 서지 않았던 이유는 외

---

7 *De Standaard*, 1907년 1월 14일 보도.

적으로는 그가 정치인으로서 일본의 성공이 유럽의 이익을 안겨 주었기 때문이며, 내적으로는 기독교 신학자 및 사상가로서 하나님을 모르는 한국에 대한 부정적 인식이 그 기저에 깔려 있었기 때문이다. 이런 식의 사고방식은 서구의 한국 선교가 가장 활발하던 시기와 맞물려 있다. 그는 한 나라의 불행을 추후 하나님의 심판에 대한 예방책으로 생각하였다.

한국과는 반대로, 한국이 19세기 동경했던 서구의 선진 국가들은 어떤 방식으로든 구교 혹은 개신교 기독교의 영향을 거쳐 갔다. 막 발전하고 있는 미국과 같은 나라들도 개신교의 강한 영향력 아래 있는 국가였다. 따라서 아브라함 카이퍼가 이런 류의 이야기를 하는 것은 영 근거가 없는 주장이 아니었다. 또한 그는 신학자였기에 기독교 중심의 사고방식을 갖고 있는 것에 대해 우리도 크게 비난을 할 거리가 아니라고 생각한다.

하지만 그는 소위 발전한 나라들이 그렇지 못한 나라들을 괴롭히는 것에 대해 비판적인 시각을 충분히 가지지 못했다는 점에 있어 비판을 받을 만하다. 그 국가들의 발전에는 기독교적 사고방식이 영향을 끼쳤겠지만, 그 국가들만큼 발전하지 못한 나라들에 대해 단순히 '자국에 도움이 되면 그것으로 끝'이라는 이기적인 생각이 문제라고 생각하지 못했던 것이다. 어쩌면 우리도 당대에는 외세에 대해 비슷한 생각을 했을 지도 모른다.

카이퍼가 가졌던 하나님에 대한 이해도 짚지 않을 수 없다. 그가 한국에 대해 하는 이야기는 하나님의 계시인 성경의 정신과도 맞지 않았다. 성경에는 예수 그리스도께서 오시기 이전부터 고아와 과부, 나그네에 대해 특별한 관심을 기울이라는 메시지가 자주 등장한다. 구약 성경 신명기 27장 19절이 대표적인 예이다. "'외국 사람과 고아와 과부의 재판을 공정하게 하지 않는 자는 저주를 받는다' 하면, 모든 백성은 '아멘' 하십시오."[8]

신약 성경에서도 이런 이야기는 계속된다. 예수께서는 예화를 통해 "'내가 진정으로 너희에게 말한다. 여기 이 사람들 가운데서 지극히 보잘것없는 사람 하나에게 하지 않은 것이 곧 내게 하지 않은 것이다' 하고 말할 것이다. 그리하여, 그들은 영원한 형벌로 들어가고, 의인들은 영원한 생명으로 들어갈 것이다."[9]라고 말씀하셨다.

카이퍼는 1880년대 사회주의 정당의 당수로부터 '그는 아주 낮은 계급의 사람들을 위한 투사이며, 모든 계급을 위해 싸우지 않는다'는 비판을 받을 정도로, 국내에서는 계급이 낮은 기독교인들을 위해 싸워 왔다. 그는 심지어 식민지로 인해 벌어들인 수익을 다시 식민지에 환원해야 한다고 했던 당시 식민부 장관 쿠케니우스(Levinus Wilhelmus Christian Keuchenius)의 주장에 동의하기도 했다. 식민 정책에 대한 반대를 하지는 않았지만, 소위 윤리적인 식민지 경영이 필요하다고 보았기 때문이다.[10]

카이퍼의 문제는 식민지 정책 자체에 대해 충분히 비판적인 시각을 가지지 못했다는 것이다. 그런 문제의 원인은 발전된 기독교 국가 혹은 발전한 국가라면 식민지 운영을 하는 것이 피식민지 국민들에게 도움이 될 것이라는 기저의 생각 때문이었다. 네덜란드의 인도네시아 지배도 그리 아름다운 것은 아니었다. 물론 대다수의 인도네시아인들이 네덜란드의

8 신 27:19 (새번역 성경)
9 마 25:45-46 (새번역 성경)
10 본 정보는 위트레흐트 신학대학교 아브라함 카이퍼 연구가 마따이스 판 더 스툽(Matthijs Van de Stoep)과의 대화를 통해 얻게 된 정보임을 밝힌다.

지배에 대해 그렇게 큰 반감을 가지지는 않았다. 그러나 인도네시아의 알려지지 않은 곳들에는 식민지 정책 때문에 피살당했던 수많은 지역 지도자들이 있었다.

헤이그 특사와 반혁명당의 조우

아브라함 카이퍼가 지중해 여행에서 돌아온 후 몇 달 뒤, 네덜란드의 헤이그에서는 중요한 행사가 열렸다. 바로 '제2차 만국 평화 회의'이다. 이 회의는 1907년 6월부터 10월까지 열렸다. 당시 카이퍼의 반혁명당은 1905년 하원 의원 선거에서 내각을 자유당 측에 넘겨준 상태였다. 1907년 5월, 카이퍼의 신문은 한국과 네덜란드의 공통점을 찾기 시작한다.

> 헤임스케르크는 『인민 군대』라는 책을 얀 한과 같이 작성해 발행했습니다. 이 책에는 국가적 차원에서 네덜란드의 국가 방어 문제가 실려 있었습니다. 이 방어 문제를 해결하는 것은 중요합니다. 이 책에서 가장 처음 방호 문제가 언급되었습니다. 방호 문제는 우리 나라가 오랜 기간 위대한 항해를 해 왔고 거대한 힘들과의 전쟁에 끌려들어 갔기에 시작되었습니다. 그 증거로 우리는 프랑스와 독일, 독일과 영국과의 갈등을 참조해 볼 수 있습니다. 그리고 한국은 우리에게 경고를 주는 예로, 중립의 힘이 긍정적인 강화를 통해 독립을 유지할 수 있다는 것을 보여 줍니다.[11]

11 *De Standaard*, 1907년 5월 15일 보도.

이 보도는 한국에 대한 신문의 다른 태도를 보여 준다. 카이퍼는 1907년까지 노골적으로 한국에 대해 좋지 않은 평가로 일관했지만, 이제 한국을 네덜란드와 비슷한 상황에 있었던 국가로 소개하기 시작했다. 한국을 더 이상 '역사는 오래 되었지만, 하나님을 모르기에 어려움을 겪는다는 식'으로 언급하지 않았다.

한국은 중립화에 실패했다. 고종이 중립화를 추구했지만, 일본과 러시아의 강화조약으로 인해 중립화가 무산되었고 일본과 병합할 운명이 되었다. 이에 카이퍼의 신문은 1907년 5월이 되어서는 일본과 한국의 병합이 좋지 않다는 것을 간접적으로 나타냈다. 러일 전쟁 이후 일본의 본격적인 수탈에 대해서 이들이 모를 리가 없었기 때문이다.

〈헤이그 특사가 외교 활동을 벌이기 위해 도착한 헤이그 중앙역〉 © Den Haag Gemeente Archief

〈이준의 호텔이 있었던 와헌 스트라트의 1907년 풍경〉 © Den Haag Gemeente Archief

이런 약간의 미묘한 입장 차이가 생긴 지 얼마 되지 않아, 특사들이 헤이그에 도착했다. 이들이 헤이그에 도착한 것은 1907년 6월 25일이었다. 호텔의 이름은 '드 용' 호텔이었다. 이들이 도착한 것은 개최식이 시작한 지 10일 뒤였다.

이 드 용 호텔은 와헌스트라트 124A(Wagenstraat 124A)에 위치한 헤이그 역 인근의 호텔이었다. 이 거리에는 여러 호텔이 있었는데, 앙헬레테레(숙박비 조식 포함 1박 기준 2.25휠던, 이하 언급할 호텔들도 1박 기준), 호텔 아메리카인(숙박비 조식 포함 1.75휠던), 호텔 제이벤(숙박비 조식 포함 1.5휠던)이 있었고, 헤이그 특사가 머물던 더 용 호텔은 조식 포함 1.5휠던으로 *Gids voor Nederland*(네덜란드를 위한 가이드)[12]에서 제시된 여러 호텔 중에

12 Deel I., *Gids voor Nederland* (Krimpen A/D Lek, 1911).

〈이준이 묵었을 당해에 촬영된 한국 특사의 허름한 호텔 Hotel Cafe De Jong〉

출처: Mensonides, "Een Koreaans Dreama in Den Haag(1907)", 375.

원본은 Adresboek van 's-Gravanhage(1907-1908)

서 조식을 포함했을 때 가장 싼 호텔에 속했다.

호텔 앞 '와헌 스트라트'라는 길 이름의 뜻은 "짐 마차 길"이라는 평범한 이름이다. 이 호텔의 1층에는 카페가 있었고 2~3층에는 객실이 있었다. 이 호텔은 레스토랑 카페로 1898년 5월 27일 메트로폴(Metropole)이라는 이름으로 처음 개업했었다.[13] 이 호텔 1층에는 음악 감상과 정당 집회 및 회의, 결혼식 뒤풀이 등을 할 수 있는 장소가 있었다.

호텔이 언제 '드 용(De Jong)'이라는 이름으로 바뀌었는지는 알 수 없지만, 확인된 바로는 이 호텔이 '드 용'이라고 불린 시기가 1906년 4월이며, 호텔의 사장 이름이 K. J. De Jong이었다고 한다. 하지만 1911년도에도 메트로폴 호텔로 불린 것을 보면, 두 이름이 혼용되었을 가능성이 있다.

이 호텔은 그리 훌륭한 호텔은 아니었다. 호텔의 1층에는 홀이 있었는데, 1906년 9월 9일부터 이 홀에서 "트라비아타"라는 댄스 클럽이 대관을 하여 모임을 진행했다.[14] 모임 시간은 일요일 저녁 5시부터 8시까지, 목요일 저녁 8시 30분부터 10시 30분까지였고, 화요일 8시 30분부터 저녁 10시 30분까지는 수업이 진행되었다.

당시 네덜란드인들의 여름 휴가는 6월 첫째 주부터 7월 둘째 주까지 5주였고,[15] 1907년 9월부터 모임을 다시 시작했다고 광고한 것을 보면, 여름 휴가 기간에는 모임을 쉬었던 것으로 보인다. 이준 열사가 머물던 시기가 여름 휴가 기간이니 댄스 클럽 모임은 다행히도 쉬었을 것이다.

---

13 *Haagsche courant*, 1898년 5월 28일 보도.
14 *Haagsche courant*, 1906년 9월 10일 보도.
15 *De Oostpost*, 1856년 2월 13일 보도.

그럼에도 이런 호텔은 한 국가의 특사들이 머물 만한 숙소라고는 할 수 없었다. 우리로 치면 지방의 허름한 모텔과 같은 곳에서 세 특사가 머문 것이다.

6월 25일에 입국한 이준은 활발한 외교전을 펼쳤다. 이들은 6월 27일 서류를 작성하여 러시아의 회담 대표였던 넬리도프(Nelidof) 등을 포함한 각국 대표단에게 탄원서를 제출하려 했다. 주 내용은 을사조약이 무효라는 것이었다.

특사들은 네덜란드의 수석 대표였던 드 보퍼르(De Beaufort)에게도 접촉하여 명함을 건넸다. 외무부 장관이었던 반 테츠 반 하우드리안(van Tets van Goudrian)도 외교부 수석 위원 렌돌프(mr. J. C. E. C. Rendorp)를 동반하여 허름한 드 용 호텔에 있는 헤이그 특사에게 방문했다.[16] (렌돌프는 1898년 법학과 정치학에 관련된 논문을 작성하여 박사 학위

〈현실적인 선택을 한 반 테츠 반 하우드리안〉 출처: Fotocollectie Anefo/London

16 Tae–jin Yi, Eugene Park, Kirk W. Larson, *Peace in the East: An Chungggun's Vision for Asia in the Age of Japanese Imperialism* (Lexington Books, 2019), 97.

를 받았다.)[17]

이때 렌돌프는 대표단과의 대화를 통해 을사조약이 사실상 제대로 된 조약이 아니라는 사실을 알게 되었다. 렌돌프는 이들과의 만남 이후 네덜란드 외무부 장관에게 자신의 견해를 메모 형식으로 전했다. 메모에는 "을사조약이라 불리는 1905년 11월 17일 조약은 이토 공작에 의해 일방적으로 한국의 국가 도장을 찍은 것이기에 이는 조약이라 할 수 없다."라는 내용이 담겨 있었다. 메모가 작성된 날은 1907년 7월 4일이었다.

렌돌프는 외무부 장관에게 이 조약이 무효이기 때문에 한국이 이 조약의 효과 아래 있지 않다는 뜻과 함께 일본의 반대에도 회의 참가가 가능하다고 전했다. 그러나 네덜란드 외무부 장관은 메모를 보고서 메모 뒷면에 현상 유지를 결정한다는 말을 적었다.[18]

네덜란드의 자유주의 정당 출신 외무부 장관 반 하우드리안은 렌돌프와는 달랐다. 그는 일본 수석 대표 스즈키와 협의하며 한국의 회담 참석을 거부했다. 그는 렌돌프를 통해 한국의 입장을 알고 있었지만, 외교부 수석 위원의 판단을 거친 신뢰할 만한 정보 대신에 일본의 입을 더 신뢰했다.[19] 그에게 있어 진실과 사실은 힘 앞에 아무 능력이 없었다.

이 결정은 매우 중요했다. 의장국이었던 네덜란드의 외무부 장관에게는 특사들의 참석을 결정할 권한이 있었기 때문이다. 결국 외무부 장관은 진실을 전해 들었으면서도 일본과의 논의 끝에 한국의 상황을 간과했다.

---

17 *De Standaard*, 1989년 7월 6일 보도.

18 일본학자 도추카 에수로(Totsuka Etsuro)가 이 귀중한 메모를 네덜란드 국가 아카이브에서 발견해 냈다. 위의 책, 96.

19 꾼 드 퀘스터, "1907년 헤이그 특사의 성공과 좌절", 320.

"권력을 넘어 법"을 추구했던 평화 회의의 원칙이 무시되었다. 힘이 없으면 설득력도 없다는 후쿠자와 유키치의 비정한 논리를 공유하고 있었던 것이다.

당시의 이 결정을 역사적 맥락상 당연하다고 주장할 수는 없다. 렌돌프는 진실을 있는 그대로 판단했고, 솔직한 자신의 의견을 외무부 장관에게 전했다. "다 국익을 위해 어쩔 수 없이 한 결정이다."라는 식의 주장은 윤리와 도덕 및 정의를 뭉개는 주장이며 납득되어서는 안 되는 것이었다.

하지만 네덜란드 내에 헤이그 특사들이 방문하여 했던 활동은 렌돌프와 같은 정상적인 판단을 할 수 있는 사람들에게 확신을 주기에 충분했다. 이준이 헤이그에 있지 않았다면 이런 일은 일어나지 않았다.

렌돌프가 메모를 작성하고 나서 4일 뒤 『더 스탄다르트』는 다른 분위기의 기사를 쓰기 시작했다. 기사는 7월 8일에 작성됐다. 이런 눈치와 양심의 싸움은 본디 카이퍼의 신문에서도 있었다.

> 서울발 전보, 이토 공작, 서울에 주재하는 일본 총감은 한국의 황제에게 헤이그 특사가 있는지 질문을 했다. 그들은 이를 알아보려고 시도했었다. 황제는 특사들의 활동에 대해서나 그 어떤 것에 대해서도 전혀 알지 못한다고 부인하였다.[20]

카이퍼와 반혁명당은 한국의 특사들이 이미 입국해 활동하고 있는 것을 알고 있었고, 일본 측에서 그 특사들의 활동을 반대하는 것도 알고 있

20 *De Standaard*, 1907년 7월 8일 보도.

었다. 그리고 대한 제국의 황제가 일본으로부터 압박을 받고 있으며 고립되어 있다는 사실도 전했다. 7월 15일 신문에서는 신포에서 온 전보를 소개했다. 일제가 왕을 폐위하려고 한다는 말이다.

> 도쿄, 7월 13일. 서울에 위치한 신포 제이이(Ziji)의 서울 특파원은 한국의 황제가 왕좌에서 폐위될 것임을 신뢰할 수 있는 근거를 가지고 있다.[21]

더 스탄다르트지는 타임스지 등을 인용하여 한국의 어려운 입장을 더욱 구체적으로 소개하려 했다. 특파원을 인용하여 임금이 왕위를 박탈당하려 한다고 보도한 것이다. 이런 식의 뉘앙스는 아브라함 카이퍼가 1905년 썼던 글의 뉘앙스와는 상당히 달랐다. 더 스탄다르트지는 헤이그 특사가 불러오는 한국 내의 영향에 대해 염려하는 논조로 글을 썼다.

역사는 국가 간의 힘겨루기에 의해 전개되기도 하지만, 최종적인 결정은 책임자요 결정권자가 하는 것이다. 책임자는 여타 이유로 등 뒤에 숨을 수 없다. 따라서 책임자의 결정에 따른 결과는 아무도 정확하게 예측할 수가 없다. 네덜란드 외무부 장관이었던 하우드리안이 국제 사회의 만류를 뿌리치고 한국 특사들을 회의장에 입장시켰다면, 한국의 처지는 이전과 달라졌을 수도 있다. 한국을 둘러싼 영국, 일본, 러시아, 독일, 프랑스 등 갈등의 당사국들의 상황도 달라질 수 있었을 것이다.

하우드리안은 렌돌프를 통해 진실을 들었다. 그러나 강자들의 입장을 대변했다. 그에게는 진실보다 힘이 더 중요했다. 아쉬운 것은 그 누구도

---

21 *De Standaard*, 1907년 7월 13일 보도.

진실보다 힘을 택한 하우드리안에 대해 비판하지 않는다는 것이다. 강한 자에게 굴복하며 불의한 것에 대해 눈감는 것이 이미 많은 이들에게 익숙한 것으로 받아들여지고 있기 때문일 수도 있다.

더 스탄다르트지 7월 17일 보도: 이준의 사망

한국 특사들이 공식적인 회의 장소에 참석할 수 없게 되어 언론인들이 주선한 만남 등을 가지며 분주한 나날들을 보내고 있을 때, 이준은 헤이그의 드 용 호텔에서 사망하였다. 사망에 대한 여러 기사들이 있기는 하지만, 그가 사망한 이유를 확실하게 전달하는 기록은 존재하지 않는다. 이준의 사망 원인과 관련해서는 얼굴의 염증이 심해져 사망했다는 '종기설', 분을 이기지 못하고 사망했다는 '분사설', 회담장에 출입을 못해 배를 갈라 사망했다는 '할복설' 등이 있다.

그러나 가장 명확하게 사인을 밝혀 줄 장의사의 사망 증명서에서는 이준 열사가 드 용 호텔에서 사망했다고 하는 이야기만을 전하고 있다. 현실적으로 가능성이 가장 낮은 것은 할복설이다. 만일 이준 열사가 할복 자결을 했다면 네덜란드 신문에서 대서특필이 되었을 것이다. 이준에 사망에 대해서 복수의 네덜란드 현지 언론이 보도했음에도, 할복에 대한 언급은 전혀 없다.

카이퍼의 『더 스탄다르트』도 이준의 사망 3일 후인 7월 17일에 사망 보도 기사를 냈다. 이준은 일요일에 사망했고, 보도는 수요일에 나왔다.

〈아우드 에이큰 다위넌 공동묘지의 운구 풍경, 1937년〉
출처: 헤이그시 아카이브, Fotopersbureau van den Heuvel

그들은 헤이그에 있는 우리에게 편지를 쓰고 있다. 슬픔에 잠긴 친척도, 동정심에 찬 친구들도 오늘 아침 작은 장례의 행렬을 따르지 못한 채, 일찍이 (회의에 참석하지 않은) 한국 대표단의 일원이었던 이준 씨가 마지막 안식처로서 찾은 아우드-에이큰-다위넌 공동묘지로의 여정을 받아들였다. 대표단의 다른 일원인 이상설 전 차관과 두 사람이 묵었던 호텔 주인만이 고국에서 멀리 떨어진 고인을 마지막으로 조문하기 위해 빈소를 따

라갔다.[22]

이준이 묻힌 장소는 아브라함 카이퍼가 훗날 묻힌 장소와 같은 공동묘지이다. 이 묘지는 사회적 유명 인사들이 매장된 곳이었다. 이준은 잠시 허름한 호텔에서 머무르고 있었지만, 네덜란드의 유력 인사들과 같은 공동묘지에 매장되었다.

이준에 대한 카이퍼의 신문 보도는 지극히 인간적인 보도였다. 보도에는 연민이 담겨 있었다. 이준의 가족들과 친구들에 대해서도 공감하는 태도를 보였다. 이준을 진심으로 위한 것이다.

이준의 장례식에 참가한 사람은 이상설과 호텔 주인 드 용 씨밖에 없었지만, 이 신문은 헤이그 특사단을 공식적인 한국 대표로 존중하고 있었다. 이준의 공식적인 호칭은 회의에 참석하지 않은 한국 대표단의 일원이었다. 이준이 사망할 당시 이 신문은 이준의 신분을 분명히 '한국 대표단'이라고 명시했다.

아브라함 카이퍼의 정당은 불과 2년 전까지 수권 정당으로 강력한 영향력이 있었으며, 각국과 외교적 관계도 있었다. 하지만 네덜란드 제1야당은 헤이그 특사단을, 그리고 이들이 '제2차 만국 평화 회의에 참석하지 않았다'는 점을 이야기하며, 대표의 자격이 있음에도 회의에 참석하지 못한 것에 대한 의구심을 드러냈다.

---

22 *De Standaard*, 1907년 7월 17일 보도.

더 스탄다르트지 7월 18일 보도: 헐버트의 도움과 한국에 대한 공감

다음 날 더 스탄다르트지는 한국의 어려운 상황이 러일 전쟁 때문임을 밝히며 국제 조약을 체결했음에도 불구하고 열강들에 의해 어려움을 겪고 있음을 보도한다. 카이퍼가 1905년 설파했던 일본의 한국 병합에 대한 정당성의 논리는 이준의 죽음 이후 더 이상 유효하지 않았다. 후쿠시마 유키치 등이 주장한 "힘의 논리"를 앞세우는 일본의 본질에 대해 간파하기 시작했다.

> 타임스지는 또 "전쟁 가능성에 대한 논쟁에서 일본이 '모험적 정책'을 추구하지 않고 있다."라고 전했다. 지금 그것은 사실일 수도 있지만 가장 강한 자에게 권리를 주장할 수 있는 기회가 있음을 본다면, 어떤 정책이든 이를 요청했을 때 주저하지 않고 (일본은) 실행을 할 것이다. 한국과의 역사는 앞서 언급한 것의 분명한 증거가 된다. 일본은 러시아와의 전쟁으로 한국 전체를 일본의 '보호령'아래 두었다. 예컨대 제국(대한 제국)의 7,000명의 육군은 일본에 의해 압도되었고, 모든 협약에도 불구하고 헤이그 재

판소에 (이미 법적으로 절차가 준비되어 항소가 가능했지만) 어떠한 항소도 불가능해진 상태로 (대한 제국은) 모든 열강들의 라인들로부터 제거되어 온 것으로 보인다.[23]

카이퍼의 신문은 권위 있는 시사 잡지인 타임스지의 "일본이 모험적 정책을 추구하지 않는 것"을 신뢰하지 않고 있었다. 당시 미국과 영국은 일본과 밀접한 관계를 가지고 있었기에 이런 보도는 이해할 만한 보도였다. 그러나 더 스탄다르트지는 이런 미국의 판단이 잘못되었다고 이야기했다. 한국의 사례를 보았을 때, 일본은 힘을 앞세워 협약을 무시하는 파트너라는 것을 알 수 있다는 것이다.

이 신문은 런던의 트리뷴(Tribune)지가 보도한 미국인 선교사 헐버트의 긴 인터뷰 내용을 요약해 전하고 있다. 이 신문은 헐버트를 잘 알려진 '코리안 리뷰(Korean Review)'의 편집장이라고 소개한다. 아브라함 카이퍼도 헐버트의 코리안 리뷰를 통해 한국에 대한 소식을 접했을 가능성을 시사하는 문장이다.

〈한국인을 진심으로 대변한 헐버트 선교사〉

일본인들은 한국인들을 불법적이고 매우 잔인한 방식으로 대합니다. 특히 시골에 사는 사람들이 큰 고통을 겪고 있는데, 침략자들이 모든 토지를 점령하고 한국인들을 모든 곳에서 밀어내고 있기 때문입니다. 일본은

23 *De Standaard*, 1907년 7월 18일 보도.

한국과 영국 제국 및 미합중국과의 조약을 체계적으로 위반하고 있습니다. 사실상, 일본인들은 영국인들과 미국인들의 무역을 최대한 방해하여 전체 무역을 지배하고 있는 것입니다. 이 때문에 적대적인 관계가 나타나고 있습니다.[24]

카이퍼의 신문은 헐버트가 한 인터뷰 중, 시골에 있는 사람들에 대한 고통에 대하여 가장 먼저 언급하면서, 헤이그 특사가 한국에 온 이유를 "일본의 폭력에 대항하여 항의하고자 왔다."라고 언급했다. 종합해 보자면, 일본은 한국에 대해 폭력적으로 대응하고 있으며, 그것의 가장 큰 피해자는 시골에 살고 있는 한국 사람들이라는 것이다. 즉 이 정당이 가장 관심을 갖는 가난한 계층에 대한 관심이 이제 네덜란드와 그 식민지에서 한국까지 확장된 것이다.

감리교 선교사였던 헐버트는 상당히 예외적인 미국인이었다. 앞서 언급한 바 미국인들의 인종 차별적 태도는 일본의 열등감을 불러 일으켰고 억울함을 일으켰다. 미국 백인 사회는 1970년대까지만 하더라도 흑인들과 소위 '겸상'을 하지 않을 정도로 인종 차별이 심했다. 헐버트는 1907년과 비교해 인종 차별이 더 심한 시기에 한국에 온 사람이지만, 결코 한국인들을 열등한 사람으로 보지 않았다. 오히려 그에게는 한국인들의 고통이 보였다.

헐버트가 주로 한 일은 한국인들이 한국인의 목소리를 낼 수 있도록 언론인으로서의 성장을 도운 것과 교육, 그리고 저술이었다. 그는 『독립

---

24 위의 보도.

신문』, 『협성회보』, 『매일신보』, 『경성신문』 등의 발행을 자신의 삼문출판사 인쇄 시설을 통해 도왔다.[25] 카이퍼의 신문이 언급한 『더 코리아 리뷰』(*The Korea Review*)는 1901년부터 발행되었다. 그는 한글을 공부해 한국에 대해 더 깊이 공부하였다. 김권정에 따르면 헐버트는 "당시 한국의 관료와 양반들은 한글을 아녀자와 하층민들이 사용하는 글자라고 하며 무시하고 있으나, 언젠가는 모든 한국인들이 한글을 사용하게 될 것이며, 당시 동아시아의 주요 언어인 한자가 유럽의 라틴어와 같은 처지가 될 것으로 전망"했다.

헐버트는 헤이그 특사의 직접적 원인이 된 을사조약 체결 시 미국에 특사로 파견되었다. 고종은 헐버트에게 미국의 루즈벨트 대통령을 만나 한국의 독립을 위해 설득해 줄 것을 부탁했다. 한국과 미국은 최초로 조약을 맺은 상태였다. 그러나 미국은 한국을 배반했다. 헐버트는 이에 분노하여 기록을 남겼다.

> 한국인에게 환난이 닥쳐오므로, 그토록 되풀이했던 공언이 순수한 것이었음을 입증하기 위해서라도 미국의 맑은 우의가 절실하게 필요하게 된 무렵에 미국은 그토록 약삭빠르고, 차가우며, 심한 멸시의 눈초리로 한국인의 가슴을 할퀴어 놓음으로써 한국에 살고 있는 점잖은 미국 시민들을 분노하게 만들었다. 기울어 가는 조국을 건질 길이 없게 되자 충성심이 강하고 지적이며 애국적인 한국인들이 스스로 목숨을 끊는 동안에 한국 주재 미국 공사 모건(E. V. Morgan)은 이 흉행의 장본인들에게 샴페인을 따

25 김권정, 『한국인보다 한국을 더 사랑한 미국인, 헐버트』 (서울: 역사공간, 2016), 18.

르면서 축배를 들고 있었다.[26]

헐버트가 미국에 파견되어 있을 때 을사조약 체결에 뒤이어 민영환의 자결 사건이 있었다. 그러나 헐버트가 부재한 상태에서도 『더 코리아 리뷰』 1906년 1월 판에서는, 을사조약에 반대한 민영환에 대해 방대한 기록을 담으며, 실체에 접근하고자 하는 노력을 기울였다. 가장 첫 기사로 작성된 민영환의 이야기에는, 민영환이 열강의 외교관 친구들에게 마지막으로 전하는 편지의 전문이 실려 있다.

저 민영환은 제 나라의 진정한 국민으로서 제 직무를 수행하지 못해 나라와 나라의 국민들이 이처럼 절망적인 상황에 이르게 되었습니다. 제 나라의 임박한 종말을 예견하며, 저는 절망과 완전한 절망의 과도한 상태로 제 허망한 작별을 나의 황제와 제 이백만 동포들에게 전합니다. 제 죽음이 아무런 성과를 이루지 못할 것이며, 제 국민들이 다가오는 생사의 싸움에서 모두 망할 것임을 알고 있지만, 살아서 이를 막을 수 없다는 사실을 알았기에 제 결정을 내렸습니다.

당신에게 부탁드립니다. 우리가 겪는 어떠한 불의이든지 세상에 알리는 데 선의를 발휘해 주시고, 우리의 독립을 유지하는 데에 자비로운 노력을 기울여 주십시오. 만약 당신이 이를 우리 땅을 위해 해 주신다면, 제 죽는 순간도 행복하게 안식할 수 있을 것입니다. 제국의 선한 의도를 오해하지 마십시오. 당신의 공화국과 우리 나라 사이에 첫 번째 조약(미국과

26 위의 책, 35.

의 조약)을 잊지 않으리라 믿습니다. 당신의 정부와 국민의 동정심에 대한 실질적인 증거가 있기를 바랍니다. 그러면 죽은 자들조차 알고 당신께 감사할 것입니다.

(민영환의 서명) 저는 절망 속에 있습니다.

- 민영환 -

헐버트는 많이 알려진 바 고종에 의해 공식적인 특사로 헤이그에 파견되어 많은 일을 했다. 그는 (향후 타이타닉호 침몰 희생자이기도 한) 영국 언론인 스테드(Stead)를 만나 한국인들을 위한 도움을 요청했다. 헐버트의 요청으로 스테드는 제2차 만국 평화 회의를 위한 신문인 『평화 회의보』(*Courrier de la Conference*)에 특사들의 소식을 실어 주어 회의 참가국들을 간접적으로 압박했다. 다음은 평화 회의보에 실린 헤이그 특사들의 서명이 담긴 전문이다. 이 전문은 6월 30일에 발행되었다.

대한 제국 황제 폐하의 특명에 의해 헤이그 평화 회의 대표로 파견된 전 의정부 참찬 이상설(李相卨), 전 대한 제국 평리원 검사 이준(李儁), 전 상트페테르부르크 주재 대한 제국 공사관의 전 서기관 이위종(李瑋鍾)은 존경하는 각하 제위들에게 우리나라 독립이 1884년 여러 강대국에 보장·승인되었음을 주지시켜 드리고자 합니다. 물론 우리나라의 독립은 현재까지도 귀 국가들에 의해 인정되고 있습니다.

그러나 1905년 11월 17일 이상설은 일본이 완전히 국제법을 무시하고 무력으로 우리나라와 여러분들 나라와의 사이에 오늘날까지도 유지

되는 우호적인 외교 관계를 강제적으로 단절하고자 했던 그 음모를 목격하였습니다. 이러한 결과를 유도하기 위해 폭력으로 위협함은 물론, 인권과 국법을 침탈하는 데 조금도 주저하지 않았던 일본의 소행을 각하 제위 여러분께 알려 드리고자 합니다. 이를 보다 명료하게 하기 위해 우리는 우리의 규탄 이유를 아래 3가지 경우로 나누어 진술하고자 합니다.

1. 일본인들은 대한 제국 황제 폐하의 정식 허가 없이 행동하였다.
2. 그들의 목적을 달성하기 위해 일본인들은 황실에 대하여 무력을 행사했다.
3. 일본인들은 대한 제국의 모든 국법과 관례를 무시한 채 행동했다.

각하 제위께서 공명정대함으로 위에서 언급한 세 가지 사실이 국제 협약에 명백히 위반되었는지 여부를 판별해 주시기 바랍니다.

오늘날까지 우리나라와 우방 국가 사이에 유지되어 왔던 독립국가인 우리나라가, 일본에 의해 우호적인 외교 관계를 단절케 되고 극동 평화를 끊임없이 위협하도록 방임할 수 있겠습니까?

본인들은 황제 폐하로부터 파견된 대한 제국의 대표임에도 불구하고 일본의 강압에 의하여 이 헤이그 회의에 참석할 수 없다는 사실이 몹시 통탄스럽습니다.

우리는 우리가 떠나 오던 날까지 일본인들에 의해 취해진 모든 수단과 자행된 행위들을 요약하여 본 서한에 첨부하오니, 우리 조국을 위하여 지극히 중대한 본 문제에 호의적인 관심을 기울여 주시기 바랍니다.

대한 제국 황제 폐하께서 우리에게 위임한 전권에 대해 확인이 필요하신 경우에는 우리에게 알려 주시기 바랍니다. 우리는 언제나 각하 제위들의 요청에 기꺼이 응할 준비가 되어 있습니다.

대한 제국과 여러 국가 간의 외교 관계 단절은 한국의 의사에 의한 것이 아니라 일본이 우리나라의 권리를 침해한 결과라는 점에 비추어, 우리는 각하 제위들께 우리가 헤이그 평화 회의에 참석하여 일본인들의 수단과 방법을 폭로함으로써 우리나라의 권리를 수호할 수 있도록 대표 여러분들의 호의적인 중재를 허용해 주실 것을 간청하는 바입니다.

먼저 감사드리오며 심심한 사의를 표합니다.

서명 이상설
서명 이준
서명 이위종[27]

『평화 회의보』의 전문은 국제법적, 외교적 관점에서 쓰였다. 이상설, 이준, 이위종의 메시지 핵심은 법적으로 을사조약이 무효이며, 일본의 의도와 관계없이 한국은 계속해서 열강들과 수교 관계를 유지할 의사가 있다는 것이었다. 이런 메시지는 한국이 독립적인 국가로 존재하고 싶지만, 일본의 방해로 그것이 어려워지고 있다는 것을 선명하게 나타내 주었다.

이후 헐버트는 인터뷰에서 이런 일본의 위법적인 을사조약 체결 시도가 한국의 평범한 사람들에게 어떤 고통을 안겨 주는지에 대해 이야기를 전했다. 헤이그 특사가 전한 일본의 폭압적인 야수성, 일본의 외교적 방

27 *Courier de la Conference de la Paix*, No.14, Dimanche 30 Juin 1907. 「pourquoi exclure la Coree?」, 우리역사넷에서 재인용

해와 이준 열사의 안타까운 죽음, 헐버트가 전한 일본의 압박 가운데서 많은 고통을 당하는 평범한 사람들의 이야기는 네덜란드 제1야당인 반혁명당의 한국에 대한 관점을 바꾸어 놓았다.

『더 스탄다르트』는 한국과 일본에 관한 기사 말미에 "힘은 승리한다." 또는 "권력이 법과 전 세계를 통제한다."라는 당대 통용되고 있는 논리를 비판하며, "기독교적 강대국조차도 권리를 권력 이상으로 두려워하지 않는다."라는 논평을 했다. 미국 등 대표적 기독교 국가라고 불리는 강대국들이 조약을 통해 보장한 한국인들의 '권리'를 무시한 것에 대한 통렬한 비판의 메시지를 던진 것이다.

더 스탄다르트는 특별히 독일 등 기독교 국가의 무법적 힘의 남용에 대해 "일본만을 비난할 수 없다."라는 말로 비판했다. 일본이 이런 선택을 한 배경에는, 서구 열강들이 일본에 굴욕적으로 '학습'시켜 놓으면서 국력을 키운 방식들이 있었기 때문이다. 식민지를 경영해야 열강들에게 무시받지 않을 수 있다는 것이 서구 열강들이 설파한 논리였다. 카이퍼도 2년 전 이런 입장에 동의했지만, 2년 만에 큰 입장 변화가 있었다.

어떤 의미에서 이 정당은 이제서야 기독교 정신으로 한국을 둘러싼 국제 정세를 살피게 되었다. 카이퍼의 신문은 한 달 전 6월 17일 보도에서 "일본은 한국의 독립을 보장한 이후, (일본은) 한국을 수출 시장으로 만들고 전체 무역을 병합해 버렸습니다."[28]라며 일본의 제국주의적 확장 정책을 무미 건조하게 보도했지만, 한 달 이후 이들은 이런 일본의 행위를 강력하게 규탄했다.

---

28 *De Standaard*, 1907년 6월 17일 보도.

더 스탄다르트지 7월 19일 보도: 이완용과 이토 히로부미에 대한 비판

〈헤이그 특사. 좌부터 이준, 이상설, 이위종〉
출처: Mensonides, "Een Koreaans Dreama in Den Haag(1907)", 359
(원본 자료는 Wereldkroniek 1907, 239, 헤이그 시 아카이브 소장)

이제 『더 스탄다르트』의 일본에 대한 의심은 일본의 한국 국권 침해에 대한 비판적인 탐색으로 이어졌다. 더 스탄다르트지는 고종이 일본의 협박을 받고 있는 것과 당시 내각 총리였던 친일파 이완용에 대해 상세하게 보도했다.

> 일본. 일본은 이제 한국의 모든 것을 통제하려 한다! 8명의 일본 대신들과 마찬가지로 일본인들의 도구가 되길 원하는 한국인 초대 총리는 (황제가) 헤이그 회의에 사절단을 파견했기 때문에 황제에게 왕위에서 내려갈 것을 요청했다고 전보가 전했다. 대한 제국의 마지막 함락으로 이어질 일본의 새로운 움직임! 서울에서 온 전보에는 내각 회의가 끝난 뒤 (통감과) 황제와의 회담이 4시간 동안 계속되었다고 한다. 통감은 황제에게 황태자를 대신하여 왕위를 버리고 도쿄로 가서 미카도에게 자백을 하라고 강력히 촉구했으나, 왕은 아무 응답을 하지 않았다.[29]

『더 스탄다르트』는 이완용을 "일본인들의 도구가 되기를 원하는" 존재라고 묘사했다. 그의 실체를 정확히 꿰뚫어 본 것이다. 그리고 당시 한국 통감부 초대 통감인 이토 히로부미가 고종에게 한 만행도 신문은 상세히 보도했다. 이토는 당시 고종에게 헤이그 특사 문제와 관련하여 미카도 천황에게 잘못을 고하라는 협박을 했다. 그리고 왕은 이에 동의하지 않았다는 것도 전했다.

7월 19일자 신문에는 일본이 왜 한국을 점령하고 식민지를 넓혀 가고자 하는지에 대한 흥미로운 분석도 나온다. 일본이 한국을 점령하는 이유는 바로 미국의 심각한 인종 차별에 있었다.

---

29 *De Standaard*, 1907년 7월 19일 보도.

〈미국 마늘 밭에서 잡초 제거 노동을 하는 일본인 노동자. 1942년 사진〉 출처: 미국 내무부

런던 타임즈가 며칠 전에 전 세계 정치가 현재의 어려움과는 덜 관련되어 있다고 선언한 것은 사실이다. 그러나 원인은 더 깊게 녹아 들어 있다. 이는 서로 다른 습관과 생활 수준을 가진 두 인종 간의 경쟁으로 인한 마찰에서 찾을 수밖에 없으며, 이 두 인종은 서로 융합하기에 적합하지가 않다. 그리고 이제 큰 문제는 상호 평등의 기반에서 문제의 해결책을 찾을 수 있느냐 하는 것이다.

일본은 자국민이 미국이나 다른 국가에서 다른 이민자들과 동일한 시민권을 획득하는 것만큼 만족스러운 것이 없다. 황인종과 백인종은 동등해야 한다. 이 두 가지 사이에는 어떤 차별도 있어서는 안 된다. 하지만 지금은 미국인들이 황색 인종 이민자들과 그들의 완전히 다른 습관, 전통, 도덕 개념 및 미래 이상에 대해 얼마나 강한 혐오를 품고 있는지 알려져 있다. 이미 아프리카계 900만 인구에 대해 상당한 어려움을 겪고 있다. 황인종 노동자 100만 명을 수입한다면, 백인 노동자 시장을 완전히 망치게 될 것이다. 왜냐하면 아시아인들은 백인 노동자가 견딜 수 없는 임금으로 일하기 때문이다.

일본의 노동자들은 이미 미국에서 저임금 노동을 하고 있었다. 미국 국회 도서관 자료에 따르면, 1886년부터 1911년까지 최소 40만 명 이상의 일본인들이 미국으로 이주했다. 이들은 주로 하와이나 미국 서부에 정

〈미국 기차 수리공들의 집단 거주지인 철도 캠프에서의 일본 이민자들. 1895년 사진〉

출처: 미주 일본인 국립 박물관, 촬영자 마수시타(사진 가운데 앉은 이)

착했다.[30] 미국 백인들의 황인종에 대한 경멸적인 태도는 일본인들의 분노와 열등감을 불러일으키는 요소가 되었다. 『더 스탄다르트』의 분석은 우리에게 일본이 왜 '약속보다는 힘'을 신뢰하게 되었는지에 대해 잘 알려 준다. 인종 차별로부터 시작된 열등감에 대해 일본은 힘으로 그 열등감을 극복하고자 한 것이다. 신문은 이어 전한다.

> 일본의 힘은 증가하고 있다. 일본이 힘과 자기의식을 갖게 되면, 황인과 백인에 대한 동등한 대우를 바라는 요구 사항을 더욱 강력하게 제기할 것으로 예상된다. 이들의 경제적 발전은 날로 증가하고 있으며, 이미 1,500척의 상선으로 이루어진 상업 항해 함대를 보유하고 있다. 일본의 영토를 넓히는 것은 그들 요구 사항의 증가와 거의 동일한 속도로 진행되고 있다. 다른 나라들과 경쟁하는 방식은 아시아인 노동자들이 백인들에 대항하여 실천하는 경쟁의 모습이다.

더 스탄다르트지에 따르면 일본은 국제 사회에서 평등한 대우를 바라며 힘을 키우고 있었다. 이미 1500여 척의 대규모 상선대를 보유하고 있었고, 식민지로 인해 시장이 늘어나며 더 큰 규모의 교역을 통해 부를 축적할 수 있었다. 일본은 여타 강대국들이 일본을 무시할 수 없을 수준이 되면 동등한 조건으로 대우를 받을 수 있을 것이라 생각한 것이다. 일본은 보호 무역을 통해 국력을 꾸준히 쌓고 있었다.

---

30 "Japanese | Immigration and Relocation in U.S. History | Classroom Materials at the Library of Congress | Library of Congress".

일본은 다른 나라들에게 자신의 상품을 판매하길 원하지만, 다른 나라의 상품을 최소한으로 구매하려고 항상 노력하고 있으며, 따라서 주변에 강력한 보호벽을 세우고 있다. 이 보호벽은 작년에 시행된 새로운 수입세에 의해 더욱 강화되었다. 영국 제품은 현재의 무역 협정에 따라 일부 우대를 받을 수 있지만, 1911년 이후로는 그 혜택이 종료되며, 그 후에는 일본이 자신의 경제적 싸움을 동맹국에 대해서도 시작할 충분한 힘을 갖추게 될 것이다.

영국은 힘을 앞세워 아시아에서 많은 부를 축적하고 있었다. 그리고 이를 통해 국제 사회에 부를 축적하는 모습을 보여 줌으로써 다른 국가들도 아시아의 약한 국가들과 불평등한 조약을 체결하며 갈등의 불씨를 키워 왔다.

하지만 여전히 주된 책임은 영국에게 있다. 영국은 과거에 일본과 같은 동양 이국과의 이국적인 동맹으로 인해 국제 관계를 왜곡했다. 비록 현재 그것으로 인해 압도적인 힘을 가지고 있다고 여길지 몰라도, 언젠가는 그 악행에 대한 대가를 치르게 될 것이다. 이는 영국도 포함된다. 시간이 지나면 동양은 서양에 대항하여 모든 인종의 평등을 선언할 것이며, 그리고 그때, 대양의 지배권을 둘러싸는 투쟁이 발생하면서 미국은 충분히 어려움을 겪을 수 있다. 그러나 수백만 명의 아시아인을 자국 식민지에서 가지고 있는 영국에게는 훨씬 더 어려운 시련의 시기가 찾아올 것이다. 현재 인도에서 보이는 것은 이미 동양이 서양에 맞서고 아시아를 아시아인들에게 돌려주는 대규모의 폭발을 예고하고 있다.

더 스탄다르트지는 아시아의 인종들이 힘을 갖추게 되면 영국과 미국 등과 같이 아시아에서 부를 차지하고 있는 국가들에게 '평등'을 요구할 것임을 예측했다. 즉 이 기사를 요약해 보자면, 일본은 인종 차별과 국제 무역에서 불평등을 극복하기 위해 막대한 힘을 비축하고 있으며, 충분한 힘을 비축하면 전쟁 등을 통해 서구 사회와의 실질적인 평등을 추구할 것이라는 것이다. 사실 이런 힘을 갖추는 방법은 영국이 고안했으며, 미국도 그 질서에 동참하고 있었다. 한국은 궁극적으로 영국의 제국주의적 논리와 미국에서의 인종 차별과 열등감을 힘으로 극복하고자 하는 일본으로 인하여 식민지가 되어 가고 있었다는 것이다.

헤이그 특사는 반혁명당의 시각을 확장시켰다. 반혁명당은 단순히 한국 문제가 일본의 악함 때문에 일어났다는 것을 넘어, 미국에 살고 있는 대규모 일본 이민자들에게 가해진 인종 차별과 영국 등이 비신사적으로 무역에 뛰어드는 점들을 문제로 꼽았다. 카이퍼는 한국의 문제를 궁극적으로 해결하기 위해서는 서구 사회가 일본을 동등하게 받아들이고, 이민자들을 공정하게 대우하며, 국제 무역에서 신사적인 질서가 회복되어야 한다고 믿었다. 신문에서 밝혔듯 현실적으로 실현 가능성이 없는 이야기이긴 했지만, 정의와 무엇이 올바른지를 밝혀야 하는 기독교 정당과 기독교 신문의 입장에서는 상당히 의미 있는 기사를 작성했음은 분명하다. 이준의 죽음이 아니었다면 이런 식의 기사는 나올 수 없었다.

더 스탄다르트지 7월 20일 보도: 을미사변, 일본의 국권 수탈, 일본 경찰의 포학성 고발

한국의 대한 보도는 3일째 이어졌다. 일본에 대한 비판적인 어조는 더욱더 길고 강해졌다.

> 그러나 문제는 이것이 효과가 있을지 여부이다. 그리고 일본은 한국에서 계속해서 카이사르의 일을 하고 있으며 모든 곳에서 가장 엄격한 법을 적용하고 있다. 푸트남 베일(Putnam Weale)은 최근에 출판된 책에서 1905년 11월의 폭력 사태 이후 일본이 한국에서 한 일에 대해 좋은 점이나 유용한 점이 논해지지 않았다. 약속된 주요 개혁은 여전히 보류 중이다. 다른 한 편으로 일본인에 의해 장려되지는 않았더라도 용인되고 있는 많은 학대와 스캔들이 있다고 말한다.
>
> 일본에서보다 훨씬 더 높은 급여를 받는 경찰은 1차 나폴레옹의 프랑스 경찰과 유사하다. 이런 비교는 결코 일본을 선호한다는 것이 아니다. 그러나 특히 신경을 거슬리게 하는 것은 한국인의 땅이 어떻게 처리되고

있는지의 문제이다. 대부분의 공유지에서 그들의 땅은 정부의 승인을 받았거나 최소한 정당한 소유자를 보호하지 못한 채 일본에 의해 약탈당했다. 다른 경우에는 이른바 배상금이 허용되지만, 그 규모가 너무 작아 폭력적 수용에 대한 배상금을 이야기하는 것도 어불성설이다. 정당한 소유자이기에 때때로 자신의 권리를 주장하려고 시도할 때에는 도리어 한국인들을 쫓아버리려고 하거나 사살하거나 필요시 투옥시키려는 열심히 일하는 하세가와 장군,[31] 그의 군인, 고액 연봉을 받는 일본 경찰이 있었다. 그러나 이러한 모든 폭력 행위에도 불구하고 일본은 그곳에서 잘 지내는 것 같지 않다.

(중략)

이미 도쿄에서는 이미 대한 제국의 황제가 왕세자를 위해 양위할 것이라고 가정하고 있다. 그 후, 한국의 국가 존립을 위해 천황이 통치하는 권력을 제한하는 대회가 소집될 것이다.[32]

더 스탄다르트지는 1905년 11월에 있었던 을사조약과 을사조약 반대 시위에 대해서도 언급한다. 이 을사조약 반대 시위에 상소문을 작성한 것이 이준이었다.

여기에서 한 가지 짚고 넘어갈 것은 더 스탄다르트지가 일본 경찰을 프랑스 경찰과 비교하는 경구를 가지고 왔다는 것이다. 아브라함 카이퍼의 반혁명당은 그 당의 이름에서 나타나듯, 프랑스 혁명 이후에 나타난

31 1906년 대리 통감인 하세가와 요미시치
32 *De Standaard*, 1907년 7월 20일 보도.

독재와 폭압에 대하여 극렬하게 반대하는 정당이었다. 아브라함 카이퍼는 민주주의적으로 인준된 국가 정치 기구라 할지라도 개인의 양심을 억압하는 나폴레옹의 독재 정치에 대해서 비판을 전혀 아끼지 않았다.

일본 경찰이 나폴레옹의 프랑스 경찰과 비슷하다는 이야기는 일본을 카이퍼 자신의 정치적 정적과 같은 수준으로 두겠다는 아주 극단적인 표현이다. 카이퍼의 더 스탄다르트지는 한국인들의 권리를 힘으로 빼앗는 폭군적 정치에 대한 실체를 접한 이후 태도가 급격하게 달라지게 된 것이다. 이들의 관심은 한 폭압적인 정권과 그에 신음하는 작은 나라에 있었고, 그야말로 이준의 죽음이 반혁명당이라는 네덜란드의 제1야당을 깨운 셈이었다.

아브라함 카이퍼는 독재자의 정치가 하나님의 권위에 도전하는 용납할 수 없는 통치 형태라는 것을 일관되게 주장해 왔다. 카이퍼는 보도를 통해 먼저 국제 관계 속에서 공정한 법적 소구를 할 수 없는 한국의 불평등한 상황에 관심을 가졌다. 그 이후 일본의 폭압적인 정치를 알게 되고 일본에 대한 강경한 비판의 태도를 가지게 된 것이다. 이제 카이퍼의 사고 속에서 일본은 그들의 '적'이 되었다. 아브라함 카이퍼가 '반혁명당'이라는 정당을 설립한 이유 자체가 프랑스 혁명에 영향을 받은 '혁명주의자'들에 대항함이었기 때문이다.

더 스탄다르트지 7월 22일 보도: 이준을 통해 보는 국제 관계, 한국 민중에 대한 따뜻한 시선

일본만을 몰아붙이는 것은 평등하지 않다. 그들의 군사적 통치는 러시아보다 더 강압적이며, 한국뿐만 아니라 만주까지 이른다. 영국은 추후 일본의 도움으로 이 시장을 유지하기 위해 이 사실에 눈을 감아 준 것으로 보인다. 일본에게는 아주 많은 인구가 있는 장소를 보유하고 있는 큰 이점이 있다. 이곳을 선점하는 것은 조용한 대양의 열도를 가지는 것보다 쉽고, 미국을 가지는 것 보다 쉽다. … (중략) … 산업적, 상업적 분야에서 영국인, 미국인, 일본인, 독일인 사이에서의 경쟁과 세계 무역의 급격한 발전은 의심할 바 없이 한국과 만주에서 정규적인 무역 관계를 만드는 데 영향을 주고 있다. 이런 나라의 사람들은 강압적으로 그들이 가진 지하자원들을 개발하도록 압박을 받게 될 것이다.[33]

국제 질서의 관점에서 한국인들이 고통받는 문제의 원인은 일본에게

33 *De Standaard*, 1907년 7월 22일 보도.

만 있지 않았다. 그 이면에는 급속도로 발전하는 세계 무역이 있었고, 열강들의 경쟁이 있었다. 일본의 한국에 대한 폭정의 배경에는 열강들의 경쟁 의식과 시장 확대를 향한 과도한 욕망이 있었다는 것이다. 그러하기에 일본만을 비판하기에는 무리가 있다고 본 것이다.

이 신문 보도의 내용은 아주 전환적이다. 아브라함 카이퍼는 큰 국제 정세 속에서 한국의 상황을 처음 살피고, 한국이 일본의 병합국이 되는 것이 좋다는 의견을 내었다. 그러나 이제는 핍박받는 한국이라는 렌즈를 통해 일본, 미국, 영국, 독일 등이 어떤 국제적 악영향을 만들어 가고 있는지에 주목하고 있음을 보여 주는 대목이다.

이준이 헤이그에 가서 했던 일은 큰일이 아니었을 수도 있다. 사람들은 국제 기자 협회에서 이위종이 연설을 하여 뜨거운 호응을 했던 것 등에 큰 평가를 내리기도 한다. 하지만 그런 외적인 것 이외에도 이들은 반혁명당의 외교적 인식 전환을 불러 일으켰다. 이런 문제를 계속해서 만들어 내는 열강들의 구조적 문제에 대한 시각을 열어 준 것이다.

같은 날 더 스탄다르트지는 이어서 일본에 대한 한국 민중들의 분노도 전달했다.

> 서울, 7월 20일, 한국 군인들이 이 상황을 통제할 능력이 완전히 없는 것뿐만 아니라 일본군의 숫자도 완전히 부족하다. 시모노세키로부터 증원군이 움직이기 위한 조치가 취해지고 있다. 군중의 분노는 오로지 일본을 향해 있다. 다른 이방인들은 안전하다. 한국 사람들이 무슨 일이 일어났

었는지 알았을 때 일본 내륙에는 큰 두려움이 있게 될 것이다."[34]

더 스탄다르트지는 거시적으로 살펴보았던 시각을 미시적으로 전환했다. 한국은 비록 핍박을 받고 있지만, 한국의 민중들은 가만히 있지 않았음을 외부적으로 보여 준 것이다.

이런 관심은 아브라함 카이퍼의 반혁명당의 배경과 무관치 않다. 아브라함 카이퍼는 '작은 사람들 (Kleine Luyden)'이라고 불리는 개혁파 낮은 계급의 사람들의 자유와 이들 자녀들의 교육을 위해 이들과 함께 정치적인 투쟁을 계속했다. 이들에게 '옳은 것을 위해 싸워야 한다'는 것은 정당의 효시와도 같은 것이었다.

이들은 투쟁하는 한국인들이 괜한 오해를 사게 하지 않기 위해 "다른 이방인들은 안전하다."라는 메시지를 담았다. 이들이 단순한 폭도들이 아니라는 것과 일본을 두렵게 하기 위해 이런 저항을 한다는 것을 알려 준 것이다.

---

34 위의 보도.

더 스탄다르트지 7월 26일 보도: 철수 그리고 '매국노'

런던 발 전보에 의하면 우리가 살던 곳에서 동에 번쩍 서에 번쩍 했던 한국의 특사들은, 미국의 사우스햄튼으로 떠났다. 그곳에서 한국과 일본의 분쟁 문제를 루즈벨트의 판단에 맡겨 볼 생각이었다. 그들은 많은 지역을 방문한 이후 영국으로 갔다. 거기서 한국에 대한 일본의 정책과 싸울 작업을 할 곳을 설립하기 위해 몇 주 안에 돌아올 것이다. 그 신사들은 자신들의 헤이그에서의 임무가 완전히 실패한 것으로 선언하지는 않았다. 특별히 영국, 프랑스, 독일, 미국의 특사들로부터 한국의 곤경으로 인해 그들에게 심긴 우려에 대한 확약과 원조가 있을 것이라는 약속을 받았다. 이것은 분명히 작은 차이이다. 대표는 황제(예전의)의 대리자였다. 황제의 강제 퇴위는 강대국들에게 한국이 중립국으로서 독립을 확인받고자 호소하는 임무에 영향을 주지 않았다. 끝내 그들은 황제의 퇴위가 일본 재정을 빌어 뇌물을 공여한 매국노의 영향이었다는 것을 선포했다.[35]

35 *De Standaard*, 1907년 7월 26일 보도.

더 스탄다르트지는 한국 특사들의 입장을 적극적으로 실었다. 이들이 비록 회담장에는 들어가지 못하였어도, 장외 외교전은 성공적으로 보인다는 점을 밝혔다. 이들이 이제 미국 루즈벨트에게 중재를 맡겨 보려 했으며, 결론적으로는 실패했음도 밝혔다.

또한 일본이 자금을 제공하여 한국의 장관들이 뇌물로 황제를 퇴위시킨 것도 소개했다. 하지만 황제의 퇴위가 일본에 의한 것이 아닌, 자신들이 책임이라는 주권 국가로서의 자존심을 살리는 헤이그 특사들의 말도 소개함으로써 한국을 일본의 속국 수준이 아닌 하나의 국가로 인정하는 자세도 보였다. 카이퍼는 거대 국가들로 인하여 고통받는 작은 주권 국가에 대한 이해를 가지게 된 것이다.

헤이그 특사가 네덜란드에 입성한 지 31일이 지난 7월 26 이후 더 스탄다르트지는 한국을 일본과 동등한 분류로 소개하기 시작한다. 이전에는 한국을 "일본" 혹은 "동아시아"의 제목하에 소개했다면, 이제 한국의 기사는 "한국"이라는 독립적인 제목 아래 발행되었다.

한국을 담은 카테고리의 기사가 '일본(Japan)'에서 '동아시아(Oost-Azie)' 그리고 '한국(Korea)'으로 변천해 가고 있었음을 보여 준다. 한 나라의 불의로 고통받는 모습을 온전히 보여 주는 것은 네덜란드 제1야당이 한국을 단순히 일본의 앞마당 멀티 국가에서(자원 채굴을 위한 작은 점령지), 독립적인 한 나라로 바꾸어 주는 데 큰 역할을 했다. 이제 카이퍼의 신문은 한국에게 카테고리를 부여했다. 이준의 사망 12일 후에 비로소 더 스탄다르트지가 한국을 제 위치에 올려 놓은 것이다.

네덜란드와 한국의 진정한 관계가 시작된 순간이라 칭할 수 있다. 카이퍼의 정당은 비로소 한국을 국제 사회에서 네덜란드와 동등한 지위를 가진 '독립 국가'로 취급했다.

1907-7-19

JAPAN.

Japan heeft nu alle aandacht bij Korea noodig!

De Koreaansche eerste-minister die, evenals zijne acht ambtgenooten, een gewillig werktuig in de handen van Japan is, heeft, naar een telegram meldt, zijn Keizer verzocht om wegens de uitzending van een afvaardiging naar de Haagsche conferentie afstand te doen van den troon! Een nieuwe zet dus van Japan, die moet leiden tot de finale inpalming van het Koreaansche keizerrijk.

Een telegram uit Seoel zegt, dat het onderhoud van den premier met den Keizer, na een vergadering van het kabinet, vier uren duurde. De premier drong bij den Keizer er krachtig op aan, dat deze afstand van den troon zou doen ten behoeve van den kroonprins en dan — naar Tokio zou gaan om zich te verontschul-

1907-7-20

OOST-AZIË.

In Mantsjoerije is het weer niet pluis; en naar de berichten te oordeelen, zouden de Chineezen zich nu ook al sterk genoeg gevoelen om tegenover de Russen, hun vroegere overweldigers daar, een uitdagende houding aan te nemen.

Bij Karbin moeten nl. afdeelingen Chineesche troepen staan, ter sterkte van 40.000 man; in de buurt van Kirin 20.000 Chineesche soldaten, en bij Mulin en Sjanjanfoe elk 5000. Volgens Siberische bladen wordt de Chineesche grens aan de Amoer door soldaten bewaakt. De stoombooten, die op de Soengari-rivier varen, kunnen naar de meening derzelfde bladen in geval van oorlog onmiddellijk tot een oorlogsvloot worden bijeengetrokken. En niet alleen in Mandsjoerije, maar zelfs in Mongolië worden troepen samengetrokken, krijgsvoorraden bijeengebracht en magazijnen ingericht.

De houding der Chineesche overheid tegenover Rusland is ook geheel veranderd. Ze maakt volstrekt geen geheim meer van haar vijandige stemming. Dit alles heeft de Russische bevolking van Siberië in zoo hooge mate verontrust, dat de Russische consul-generaal te Karbin zich zelfs genoodzaakt heeft gezien bij den Taotai aldaar erop aan te dringen, dat deze een officieele b kendmaking zou uitvaardigen, waarbij strenge straffen worden gesteld op de verspreiding van verontrustende berichten. Maar het is de vraag of dit veel zal uitwerken.

En intusschen gaat Japan in Korea voort met te doen wat des Keizers is en past voorts overal het recht van den sterkste toe.

Putnam Weale, in zijn onlangs verschenen boek, kan niets goeds of nuttigs aanvoeren van hetgeen de Japanneezen in Korea gedaan hebben, na de gewelddenarijen van November 1905. De voornaamste toegezegde hervormingen laten nog op zich wachten. Daarentegen valt er, zegt hij, te wijzen op vele misbruiken en schandalen, door de Japanneezen in Korea gepleegd en van hoogerhand oogluikend toegelaten, zoo niet aangemoedigd. De politie, daar veel hooger bezoldigd dan in Japan zelf, vergelijkt hij bij de Fransche politie van den eersten Napoleon, en de vergelijking valt geenszins uit ten gunste van Japan.

1907-7-27

KOREA.

Japan slaat nu spijkers met koppen in Korea. Gisteren is reeds het nieuwe »verdrag" tusschen Japan en Korea te Seoul geteekend. De algemeene strekking van dit verdrag is, om de geheele regeering van Korea te stellen onder toezicht van den Japanschen resident-generaal, die zelfs medezeggenschap zal hebben in de aanstelling van vreemdelingen! Behoeft men nu nog te vragen, of de oude Keizer ook een sta-in-den weg was, die moest opgeruimd? En tevens, of zijn opvolger ook een willig instrument in handen van den Japanschen »resident-generaal" is?

Uit Seoul wordt aan de Londensche *Tribune* gemeld, dat markies Ito reeds op den 21n Juli aan den ouden Keizer mededeelde, dat de Japanneezen hem met geweld van den troon zouden verwijderen, tenzij hij er onverwijld toe mocht besluiten het verdrag van Nov. 1905 te onderteekenen. De Keizer was echter vast besloten, zijn rechten en vorige positie te handhaven. En hij verklaarde aan markies Ito, dat hij een gevolmachtigde naar Tokio zou zenden, met de opdracht, aan de Japansche regeering nogmaals te doen weten, dat hij het verdrag van November 1905 nooit had bekrachtigd....

Dit pal staan, ook waar hij wist dat zijn kroon er meê gemoeid was, dwingt respect af. En dan wil men ons van Japansche zijde nog doen gelooven, dat de Japanneezen heelemaal

1907-7-29

KOREA.

De *Kölnische Zeitung* vergelijkt het nieuwe »verdrag" tusschen Korea en Japan met de maatregelen waarmede Frankrijk indertijd Tunis inlijfde; en volgens een bericht uit Seoel zou markies Ito op een feest bij den tegenwoordigen minister van Financiën zich beroepen hebben op — de houding der Engelschen in Egypte. Ja, dat is het leelijke. Als de Oostersche mogendheden het »macht boven recht" gaan toepassen, kunnen ze altijd zeggen dat ze het van de Westersche hebben geleerd.

더 스탄다르트지 7월 27일 보도: 한국에 대한 기대

[한국]

한국에서,

런던 트리뷴지는 한국에서 이토 후작이 이미 7월 21일에 즉각적으로 황제가 1905년 11월 조약에(한일 병합조약, 을사조약) 서명하지 않을 경우 일본은 강제적으로 황제를 자리에서 제거한다는 것을 공표했다고 보도했다. 하지만 황제는 그의 권리와 이전의 자기의 위치를 고수하겠다고 결정했다. 그리고 그는 이토 후작에게 그가 결코 1905년 11월 조약을 비준한 사실이 없다는 것을 알리기 위하여 도쿄로 전권 대사를 보낼 것이라고 공표했다.

그가 이렇게 바로 서 있기 때문에, 그가 심지어 그의 왕위와 관련이 있을지라도 존경을 받는다. 이제 우리는 황제의 장관들이 임금을 끌어내린 이상, 일본이 황제를 폐위하지 않았다고 이야기하는 일본측 이야기도 믿을 수 있을 것 같다.

런던 특파원은 이의종에게 질문했다. 그는 만국 평화 회담의 퇴위된 한국의 황제의 대리인이었고, 미국에 가기 전에 사우스햄튼에서 인터뷰를 했다. 왕자(역자 주. 이위종은 전주 이 씨의 왕자로 소개되었다)는 그의 임무가 헤이그에만 적용되는 것은 사실이 아니라고 밝혔다. 특사는 어디에서나 그의 임무를 수행할 수 있다고 이야기했다. 불쌍한 왕의 강제적인 폐위는, 어찌되었거나 서울을 떠나기 전부터 이미 계획되어 있었다. 그래서 왕의 폐위는 특사의 임무를 바꾸지 않았다. 황제는 이렇게 이야기했었다.

"… 당신은 반드시 임무를 계속해서 완수해야 합니다. 내가 살해를 당해도 말입니다. 이것은 5세기 동안 독립인으로 있었던 2천만 한국인들의 독립을 확인시키는 일입니다. 그들을 자유케 하는 것이 귀관의 임무입니다."

이 왕자는 한국의 특사들이 비록 공식적으로 헤이그에서 외교관들에게 인정받을 수는 없었지만, 특별히 영국, 프랑스, 독일, 미국의 다른 많은 외교관들로부터는 많은 공감을 불러일으켰다.

그러므로 한국의 특사는 반-일본 캠페인을 쉬지 않고 수행할 것이다. 일본은 결코 한국의 독립을 파괴할 만큼 운이 좋지 않을 것이다.[36]

카이퍼의 신문은 이제 고종에 대한 존경심을 표하기도 했다. 일본의 공작에도 굳게 자신의 입장을 고수하는 고종을 "존경을 받는다"라는 표현으로 평가한 것이다. 한국의 주권 침해가 일본의 영향 아래 진행되고 있고, 구체적인 계획이 이토 히로부미와 같은 일본 관리들에 의해 세워진

36 *De Standaard*, 1907년 7월 27일 보도.

것도 인지했지만, 이위종과의 인터뷰를 통해 실제적인 을사조약 체결의 원흉이 한국인 장관들임을 인정하였고, 결정적으로 한국의 운명은 한국인들이 결정하고 있다는 일본의 입장도 받아들였다. 하지만 일본의 합병 시도를 합법적이거나 정당한 것으로 보지는 않았다. 이들의 태도는 분명히 '친한국'적으로 변했다. 신문의 특파원과 이의종의 만남이 가져온 관계의 큰 진전이었다.

더 스탄다르트지 9월 6일 보도: 마지막 만남

망명 중 만국 평화 회의가 개최된 지 얼마 되지 않은 때, 헤이그의 와헌 스트라트에 위치한 작은 호텔에서 우리가 알다시피 한국의 독립 국가로서의 권리를 천명하고자 이곳에 온 한국의 국가 봉직자 중 한 명이 사망했다. 그는 기독교 청년회의 회장이었고 서울 고등 법원장이었다. 그는 '에이크 엔 다이넌'에 매장되었다.

내일 11시에 그의 시신이 완전히 네덜란드 땅에 묻히게 된다.

여기에 머물러 있었던 이 왕자는 결코 일본 정부에게 자신의 전우의 시신을 고국에 묻어 달라는 요청을 하지 않았다.

마지막 이 찬사를 마치고, 이 왕자는 그가 잠시 머물 곳이자, 그의 아내, 공주를 두고 왔던 페테스부르크로 떠난다.

판 다이흐너 판 파릭은 이 왕자에게 한 역사책을 전했다. 이는 바다 거지들의 스페인에 대항한 투쟁의 역사가 담긴 모틀리(J. L. Motley)의 책이었다. 이 책은[37] 귀조(Guizot)가 불어로 번역했다. 정당한 목적을 위해 하나님을 신뢰하는 나라는 반드시 승리할 것이라는 회상과 예시의 내용이 담겨 있다.[38] 한국 왕자는 프랑스어와 영어를 이해했다.[39]

〈이준의 무덤. "(네덜란드어로) 뉴 에이크 엔 다위넌의 한국 혼 이준의 무덤. (영어로) 한국 북청에서 1858년에 태어나 헤이그에서 1907년에 사망한 혼 이준"이라는 문구가 묘비에 새겨져 있다.〉

---

37 모틀리(1814년 4월 15일 출생, 1877년 5월 29일 사망) 미국인 작가로서 네덜란드 역사에 관해 방대한 저작을 영어로 다수 남겼다.

38 모틀리의 책은 총 6권으로 이루어져 있고, 1권에서 네덜란드의 80년 전쟁에 대한 내용이 나온다. 파 달휴 판 파릭이 전체 6권을 선물했는지, 1권만 선물했는지, 그리고 그의 이야기를 불어로 전달해 주었는지 확실하지 않다.

39 *De Standaard*, 1907년 9월 6일 보도.

이 기사는 더 스탄다르트지뿐만 아니라 1907년 9월 4일 『더 니우버쿠란트』(*De Nieuwe Courant*), 『더 아본트 포스트』(*De Avondpost*)도 같은 사실을 보도했다.

판 다이흐너 판 파릭(Van Daehne Van Varick)은 기사로 임명받은 사람이었다. 그는 번역가였고 제1차 평화 회의에 관련된 자료들을 번역하여 판매했다. 그는 아브라함 카이퍼와 함께 더 스탄다르트지의 창간을 준비했던 이였다. 더 스탄다르트지의 창간은 바다 거지(프랑스 위그노들이 탄 선박)가 스페인이 점령하고 있었던 자위드 홀란드 주의 브릴러 요새를 함락시킨 사건의 300주년 기념일에 열렸다. 카이퍼와 뜻을 같이 하던 반혁명파들은 곳곳에서 바다 거지의 날을 기념하는 행사를 열었다. 카이퍼는 폭압자 스페인에 맞서 이긴 바다 거지들을 반혁명파의 선조들이라 일컬었다. 장례식 전 이위종을 개인적으로 만난 유일하게 알려진 사람이었다.

보도에 따르면 이준의 장례식에는 YMCA 수장 자격으로 온 네덜란드 전직 수상이었던 매카이, 네덜란드 YMCA 회원들, 한국의 이준의 형제로 알려진 이윤, 이위종이 함께 있었다. 장례식은 아래와 같이 진행되었다.[40]

1) 네덜란드 YMCA 회장 아 에이 매카이(A. E. Mackay)의 YMCA 한국 대표로 일했던 고인에 대한 추모사 발표
2) 한국인 장례 참석자들의 한국 장송곡 합창
3) 헤이그 대표 단장(이위종)의 고인에 대한 회고: "이준은 고국을 위한 독립 투사였다."

---

40 *Delftsche Courant*, 1907년 9월 6일 보도.

4) "우리의 사랑하는 친구이자 형제에게(To our beloved friend and brother)"라는 메시지가 담긴 화한 전달

5) 하관 및 장례 종료

이준의 장례식에는 매카이(A. E. Baron Mackay)도 참여한 것으로 알려졌는데, 그는 반혁명당의 정치인이었고, 하원 의장을 역임했었고, 국무부 장관(minister van staat)으로 봉직했던 정치계의 거물이었다. 그는 네덜란드의 YMCA 대표 자격으로 장례에 참여했다.[41] 판 다이흐너 판 파릭도 반혁명당과 더 스탄다르트에 있어서 중요한 역할을 했던 상징적인 인물이었다.

〈헤이그에서 열린 1차 만국 평화 회의에 대한 기록을 프랑스어로 기록한 판 다흐네 판 파릭, 그의 책 표지〉

41 *Delftsche Courant*, 1907년 9월 6일 보도.

판 다흐네 판 파릭이 이위종을 만난 이유는 그가 가진 러시아와 동아시아에 관한 관심 때문이라고 생각된다. 그는 1869년 위트레흐트 대학교 법학 박사 학위 취득을 위해 "동방에서의 문제의 역사에 대한 기여"라는 제목으로 논문을 작성했다. 그는 러시아에 대한 관심을 가진 채로 제1차 만국 평화 회의에서 번역자로 활동했다.

HISTOIRE

DE LA

FONDATION DE LA RÉPUBLIQUE

DES

PROVINCES-UNIES

PAR

J. LOTHROP MOTLEY

TRADUCTION NOUVELLE

PRÉCÉDÉE D'UNE INTRODUCTION

PAR

M. GUIZOT

TOME PREMIER

PARIS

MICHEL LÉVY FRÈRES, LIBRAIRES-ÉDITEURS,

RUE VIVIENNE, 2 BIS

1859

Reproduction et traduction réservées.

〈반혁명당에서 이위종에게 건넨 네덜란드 기독교도들의 저항의 역사가 담긴 책 내지〉

그가 이준의 장례식 전에 건넨 책은 무려 600페이지에 달하는 *Histoire de la fondation de la république des Provinces-Unies*(주 연합 국가[네덜란드: 필자 주]의 기초에 대한 역사)였다.

이런 인물이 바다 거지의 이야기를 전한 것은 어느 정도 수준의 형제애가 없이는 불가능한 일이었다. 판 다흐네 판 파릭은 언제나 소수 집단이었던 반혁명당을 자기 집단의 강한 결속을 위해 배타적으로 내집단과 외집단으로 나누었다. 반혁명당은 정치적으로 선거 승리와 내각 구성을 위한 타 정당과 연대를 하기는 했지만, 타 정치적 결사체를 대상으로 정당의 정체성에 대한 일종의 포교 활동이나 권유는 하지 않았다.

이위종이 건네받은 책과 그가 들은 메시지는 한국의 무장 독립 투쟁을 지지하는 것과 같았다. 네덜란드의 개혁파 개신교도들도 스페인과의 무장 투쟁을 통해 자유를 획득해 냈기에, 그가 전했던 "정당한 목적을 위해 하나님을 신뢰하는 나라는 반드시 승리할 것"이라는 말은 가만히 앉아서 승리한다는 말이 아니라, 투쟁에 따른 승리를 뜻한 것이었다.

이준의 장례식이 모두 마친 후, 이제 반혁명당은 한국에 대해 특별한 보도를 하지는 않았다. 간간히 한국인들이 일제에 저항하여 숨을 거둔 이야기만을 전했다. 한국에 대한 마지막 보도는 1907년 11월 20일에 있었다. 그 기사는 네덜란드 외무부 장관인 하우드리안의 제2차 만국 평화 회의에 대한 청문회였다. 판 콜은 가톨릭 집안 출신으로, 네덜란드령 인도네시아에서 최초의 사회주의자가 됐는데, 그는 처음 '인터네셔널'의 회원이 되어 학대당하는 현지 노동자들을 적극적으로 옹호하는 역할을 했다.

『더 스탄다르트』는 사회주의 정당 의원이었던, 판 콜의 질의와 질책을

〈공식적으로 한국을 옹호했고, 네덜란드 외무부 장관을 비판한 판 콜 의원〉
출처: Geheugen van Nederland, 작가 Albert Hahn

다른 의원들의 것보다 약 3배 길게 보도했다. 판 콜에 대한 보도는 같은 날 17개의 다른 네덜란드 신문을 통해서도 보도가 됐다.

판 콜은 4년 전 한국을 제2차 만국 평화 회의에 초대했던 1903년 외무부 장관 레인든의 퇴진에 카이퍼에게 항의성 의문을 제기한 사람이었다. 『더 스탄다르트』는 카이퍼에 맞섰던 판 콜의 의견을 길게 보도했는데, 이는 1903년 한국을 초청했던 카이퍼와 당시 갈등이 있었던 레인든의 판단이 옳았다는 것을 뜻하기도 했다. 판 콜은 외무부 장관을 세워 두고 이렇게 이야기했다.

> 만약 평화 회담이 어떤 좋은 것이라도 하나 만들어 냈다면, 그것은 작은 국가들의 자존감과 권리에 관심이 기울여진 것이다. 발표자(판 콜)는 정부의 헤이그 평화의 전당의 설립에 대한 태도에 대해 비판했고, 더 나아가 네덜란드는 한국의 편을 들어 강제 중제의 주도권을 잡기 위해 항의해야만 했다고 설득했다.[42]

헤이그 특사들의 활동으로 인해 네덜란드 하우드리안 외무부 장관은

42 *De Standaard*, 1907년 11월 20일 보도.

큰 비판을 받았고, 한국에 대한 입장은 판 콜을 통해 네덜란드 의회에 공개적으로 천명되었다.

Epilogue

서두에서 언급했듯이 아브라함 카이퍼가 국내에 처음 소개된 것은 약 50년 전인 1970년대이고, 국내 개혁주의 서클이라고 할 수 있는 대한예수교장로회 고신, 합동, 합신 교단 등에서 꾸준히 언급되고 연구되어 왔다. 이에 따라 국내에서의 아브라함 카이퍼에 대한 관심은 빠른 속도로 증가하고 있으며, 그의 정치적 사상을 담은 저서들이 속속들이 번역되어 오고 있다. 하지만 아브라함 카이퍼가 한국에 대해 어떠한 태도를 지니고 있었는지는 국내에 아직 제대로 소개된 바가 없다. 또한 그가 을사조약을 적극적으로 지지했었다는 사실도 국내에 알려진 바가 없다.

그러나 앞에서 살펴본 대로 아브라함 카이퍼는 1907년 5월까지 일제의 폭압적인 지배에 대해 별 문제점을 깨닫지 못했고, 한국의 국내외 독립운동을 폄하했다. 필자는 이를 심각하게 비판해야 할 지점이라고 생각한다. 게다가 당시 카이퍼가 세계 질서에서의 힘의 논리를 존중했던 태도 역시 비판적으로 받아들여야 함이 마땅하다고 생각한다.

그런데 아브라함 카이퍼와 그의 신문 『더 스탄다르트』는 1907년 헤이그 특사의 활동 이후 이위종과 두 번의 만남을 통해 태도를 급격하게 바꾸어 나가기 시작했다. 또한 1905년과는 대조적으로 일본과 주변 강대국들의 과도한 무역, 경쟁과 탐욕을 공개적으로 비판하였으며, 네덜란드 외무부 장관이 제2차 헤이그 만국 평화 회의에서 한국을 무시한 결정에 대해 신랄하게 비난하면서, 한국에 대한 우호적 태도를 발전시켜 나갔다는 것을 우리는 기억해야 한다.

카이퍼와 반혁명당 그리고 『더 스탄다르트』가 특사 방문 전까지 한국보다 일본에 대해 더 우호적인 반응을 한 이유는 다음과 같다. 하나는 일본을 통해 유럽의 부가 증진될 수 있었다는 것이고, 또 하나는 한국의 왕이 '하나님을 모르는' 죄과를 가지고 있었다는 것이다. 더불어 국제 사회에서 카이퍼 정부는 일본-영국 동맹보다 독일의 편에 서고 싶었던 이유도 있었을 것이다. 그리고 무엇보다도 카이퍼의 제국주의 선호가 한국에 대한 무시와 멸시를 불러일으켰다.

그러나 이들은 일본의 압제적 정치를 접한 이후에 태도를 바꾸어 가기 시작했다. 특별히 한국 국민들의 고통과 이준 열사의 기독교적 배경을 접한 이후 카이퍼의 신문은 강경한 '친한' '반제국주의 강대 국가'의 행보를 보이게 되었다.

『더 스탄다르트』는 우리가 미처 생각하지 못했던 일본의 '열등감'에 관해서도 우리에게 알려 준다. 미국인들의 인종 차별이 일본으로 하여금 국제 조약보다는 '힘을 통한 권리 확보'를 추구하게 만들었다고 하는 점은 우리가 놓치고 있는 통찰이다. 물론 일본의 만행에 대해서는 비판을 아끼지 말아야겠지만, 친일 혹은 반일 프레임을 넘어 우리도 한국에 있는 외국인들을 정당하게 대우함으로써 세계 평화를 위하고 제2의 제국주의 일본을 예방하는 데 앞장서는 전향적인 자세를 가져야 하지 않을까.

이준의 헤이그로의 출발은 여러 사건이 복합적으로 얽힌 것이었다. 그도 사실 카이퍼와 비슷하게 러시아보다는 일본을 지지했던 사람이었고, 일본의 저의를 읽지 못하는 사람이었다. 그러나 감옥 출소 후 상민이었던 전덕기 목사를 만나고 눈이 뜨여 을사조약 반대 상소문을 작성하고, 총칼을 무릅쓰고서 김구, 이승만 등과 함께 이를 배포했다.

역사가들은 열강과 같은 힘들이 세계 정세를 움직인다고 쉽게 전제하고서 역사 쓰기 작업을 진행한다. (필자의 스승인 성서학자 숭실대 권연경 교수가 했던 비유적인 표현을 빌어) 모든 차이를 '다리미질'하여 세세한 역사의 결을 평면화시켜 버린다. 그러나 필자는, '사람'은 국제적 힘의 논리에 따라서만 움직이는 존재가 아니며 때로는 국제 정세를 역행하면서 영향력 있는 결정을 하기도 하는 존재라고 믿는다. 이준은 세계 정세를 따르는 법부대신 장박의 영향을 벗어나, 독자적으로 움직이며 가장 낮은 신분 출신인 전덕기와 함께 진정한 의미의 찰나의 독립운동을 펼쳤다. 친일 및 친러의 길을 걷지 않고도 대한민국 외교사에 잊히지 않을 한 장면을 만들어 낸 셈이다.

필자는 이 책에서 신화화된 한 네덜란드의 인물 '아브라함 카이퍼'의 부족한 모습을 끌어내려 했다. 이는 필자가 아브라함 카이퍼를 역사적으로 연구하는 전문 역사가의 길에 들어섰기 때문이고, 역사가에게 요청되는 작업이란 주제와 관련한 정직하고 치밀한 연구를 하여 위인전기를 쓰는 것이 아닌 최대한 객관적으로 한 인물을 판단하도록 하는 것이기 때문이다. 개인적으로 필자는 아브라함 카이퍼의 주요 사상들을 좋아한다. 그러나 진실에 충실해야 할 역사가의 소명상 그가 한국과 관련해서는 한때 잘못된 해석들을 해 왔다는 것을 짚지 않을 수가 없었다.

카이퍼는 정치적 정점에 선 직후 우리 민족의 마음에 비수를 꽂는 언설을 했다. 물론 헤이그 특사단의 방문을 전후로 우리 민족에 대한 태도를 바꾸었지만, 그때는 그가 정치 일선에서 영향을 잃어 가기 시작했을 때이므로 너무 늦었다고 볼 수 있다. 따라서 한국인으로서 아브라함 카이퍼를 자신이 추구해야 할 정치적 모델로 삼는 것은 스스로의 발등을 찍는 행동일 수 있으며, 강제 체결된 을사조약의 최대 피해국이 을사조약을 찬성했던 정치 지도자의 정치적 사고방식을 무비판적으로 수용하는 것은 매우 우스운 행동이라 할 수 있다.

하지만 적어도 카이퍼와 그의 추종자들이 실체적 진실을 발견하고 나서 태도를 바꾸었다는 점에서는 우리도 긍정적인 평가를 해 주어야 할 것이다. 또한 그들이 가장 중요한 입법 기관 및 정치적 토론 기관인 하원의원에서 공식적으로 네덜란드의 국가 외교 기조를 비판하고 한국의 이름을 들어 옹호해 준 것은 진심으로 고마움을 표시해야 할 포인트이기도 하다.

마지막으로 이위종이 건네받은 책, 한반도까지 도착하지 못했던 그 『바다 거지』 책을 통한 '동지로의 초청'에 대해 이제는 우리가 응답을 할 때이다. 그 책은 폭압적인 독재자들에 대한 적극적인 저항과 승리에 관한 이야기를 담고 있다. 유감스럽게도 한국의 여러 기관들의 조직 구조는 독재자와 그 추종자들만이 살아남는 구조인 듯하다. 군림하는 자와 불의 앞에 타협하고 아부하는 자들은 대개 문제를 제기하는 이들을 '박살'내는 식의 스코어를 연이 어 올리고 있다. 이런 독재 구조는 반드시 성공할 수 없고, 부패하며, 실패한다고 했던 아브라함 카이퍼의 가르침을 다시금 되새겨 보며, 본서를 마무리하고자 한다.

참고문헌

【 단행본 】

김구. 정본(定本) 백범일지. 파주: 돌베개, 2016.

김권정. 한국인보다 한국을 더 사랑한 미국인, 헐버트. 서울: 역사공간, 2016.

김원수. 헤이그 만국 평화 회의 특사외교와 국제관계. 서울: 선인, 2016.

신용하. (新版) 獨立協會硏究: 독립신문·독립협회·만민공동회의 사상과 운동. 서울: 일조각, 2006.

아브라함 카이퍼. 칼빈주의. 서울: 세종문화사, 1971.

오가와라 히로유키. 이토 히로부미의 한국 병합 구상과 조선 사회. 파주: 열린책들, 2012.

유자후. 이준 선생전. 서울: 국학자료원, 1998.

운노 후쿠쥬. 일본의 양심이 본 한국병합. 서울: 새길, 1995.

이기항, 송창주. 아! 이준 열사. 서울: 공옥출판사, 2007.

이덕주. 스크랜턴: 어머니와 아들의 조선 선교 이야기. 서울: 공옥출판사, 2014.

일성이준열사기념사업회, 이준 열사, 그 멀고 외로운 여정: 검사의 길, 특사의 길, 국민 계몽의 길. 서울: 한비미디어, 2010.

鄭 喬. 大韓季年史 下. 서울: 국사편찬위원회. 1957.

최기영. 헤이그특사 100주년 기념자료집. 천안: 독립기념관 한국독립운동사연구소, 2007.

헐버트 박사 기념사업회. 헤이그 만국 평화 회의 관련 일본정부기밀문서 자료집. 서울: 선인, 2007.

Allen, Horace Newton. *Things Korean: A Collection of Sketches and Anecdotes, Missionary and Diplomatic*. Leopold Classic Library, 2018.

Bratt, James D. Mark A. Noll. *Abraham Kuyper: Modern Calvinist, Christian Democrat*. Grand Rapids, Michigan / Cambridge, U.K.: Eerdmans, 2013.

Bruijn. Jan de. *Abraham Kuyper: Een Beeldbiografie*. Amsterdam: Bert Bakker, 2008.

I., Deel. *Gids voor Nederland*. Krimpen A/D Lek, 1911.

Hamilton. A. (Angus). *Korea*. London: W. Heinemann, 1904. http://archive.org/details/cu31924080788569.

Kuiper, Roel. *Zelfbeeld en Wereldbeeld*. Kampen: KOK, 1992.

Kuyper, Abraham. *On Islam*. Lexham Press, 2018.

Bong Ho, Son. "Relevance of sphere sovereignty to Korean society". In *Kuyper Reconsidered: aspects of his life and work*, 179–89. VU studies on protestant history. Amsterdam: VU, 1999.

Winckel, W. F. A. *Leven en arbeid van Dr. A. Kuyper*. Amsterdam : Uitgave W. Ten Have. 1919. http://archive.org/details/levenenarbeidvan00winc.

【 논문 】

고동환. 2015. "조선후기 서울 삼문(三門) 밖 지역의 특성". 서울학연구 59호: 163-87.

———. 2013. "조선후기 서울 도시공간의 변동". 서울학연구 52호: 149-74.

고태우. 1990. "북한 신풍물기: 함경남도4; 이준열사 고향 북청(北靑)과 광산지대 단천(端川)". 통일한국 77호: 110-3.

권의석. 2021. "19세기 후반 호남 개항장 설정을 둘러싼 열강의 이해관계". 역사와 세계 59호: 259-92.

김광재. 2002. "東學農民運動의 歷史的 意義". 동학연구 11: 99-125.

김신재. 1998. "독립협회의 대외인식과 자주국권론". 경주사학 17: 89-120.

김영수. 2010. "근대한러관계연구: 아관파천과 한러관계의 진전; 아관파천, 1896: 서울, 도쿄, 모스크바". 사림 35: 59-84.
김영일. 2022. "한국 최초 형법학자 장도(張燾)의 생애와 법사상". 동아법학 97호: 123-57.
김영현. 2016. "한말 기독교인의 민족문제인식과 평양대부흥운동". 석사학위, 연세대학교 교육대학원.
김정호. 2005. "일본 메이지유신기 계몽사상의 정치사상적 특성: 후쿠자와 유키치의 문명개화론을 중심으로". 한국동북아논총 37호: 147-69.
김종준. 2019. "고종과 일진회의 엇갈린 근대국가 인식". 사학연구 133호: 457-500.
———. 2011. "국권상실에 대한 일진회의 인식". 한국독립운동사연구 40: 95-119.
김종헌. 2006. "을미사변 이후 아관파천까지 베베르의 활동". 사림 35호: 29-58.
———. 2009. "Russian Envoy, Veber and Ko-jong's Refuge in Russian Mission in 1896". *Critical Review of History* 86: 365-94.
———. 2010. "근대한러관계연구: 아관파천과 한러관계의 진전: 을미사변 이후 아관파천까지 베베르의 활동". 사림 35: 29-58.
김진호. 1998. "목사 전덕기 약사(牧師全德基略史)". 나라사랑 97: 363-68.
김창수. 1973. "개화기에 (開化基) 있어서 김병시와 (金炳始) 그의 경제관 - 용암(蓉菴) 김병시 (金炳始) 연구 (1)". 동국사학 12: 1-31.
김학준. 2002. "최근 활발해진 이승만 연구 (1): 대한민국 건국 이전의 이승만에 관한 저서들". 한국정치학회보 36(2): 449-54.
김현. 2019. "개화파의 전제군주권 제한 시도(1894-1898): 고종의 정치지도력에 대한 불신과 고종과의 타협 시도를 중심으로". 한국정치학회보 53(5): 5-29.
김효전. 2010. "野澤武之助와 근대 한국의 법학교육". 법사학연구 41호: 65-105.
김희연. 2022. "주한미국공사 알렌의 이권 획득과 세력권 확보 시도". 박사학위, 고려대학교 대학원.
드 퀘스터꾼. 2008. "1907년 헤이그 특사의 성공과 좌절". 한국사학보 30호: 309-54.
마스타니 유이치. 2017. "유길준의 인맥에 대한 연구(1907~1914): 한국인과의 관계를 중심으로". 한국사학보 68호: 197-226.
문일웅. 2011. "대한 제국 성립기 재일본 망명자 집단의 활동(1895~1900)". 역사와현실 81호: 289-342.
———. 2012. "Conflicts and Divergence inside the Hyeobseong-hwe organization, and the Foundation of the Jeguk Shinmun Newspaper, during the Convention of 10-thousand people period". *Y KSA WA HY NSIL* 83: 249-93.
미원겸. 2003. "일본에서의 문명개화론: 후쿠자와 유키치와 나카에 쵸민을 중심으로". 한국동양정치사상사연구 2(2): 209-27.
박걸순. 2017. "溥齋 李相卨의 독립운동론과 독립운동". 한국독립운동사연구 60: 35-78.
———. 2009. "沿海州 韓人社會의 갈등과 鄭淳萬의 피살". 한국독립운동사연구 34: 243-81.
박미주, 구영민. 2014. "도시 콘텍스트에 잠재된 역사적 의미의 재현에 관한 연구". 대한건축학회 학술발표대회 논문집 34(2): 191-211.
박영준. 2009. "이승만의 국제질서인식과 일본관 - 식민지 시기에 있어 망국(亡國)과 건국(建國)의 문제". 한국정치외교사논총 31(1): 77-113.
박한민. 2017. "1907년 유길준의 귀국과 「平和光復策」집필: 초고본 검토를 중심으로". 한국사학보 68호: 153-95.
서영석. 2016. "헤이그특사 파견과 상동파의 역할". 한국교회사학회지 45호: 255-89.
———. 2007. "이준의 구국운동과 교육사상". 기독교교육정보 18: 331-60.
서영희. 2008. "『국민신보』를 통해 본 일진회의 합방론과 합방정국의 동향". 역사와현실 69호: 19-45.
서정민. 1987. "구한말 이승만의 활동과 기독교(1875~1904)". 석사학위, 연세대학교 교육대학원.
———. 1996. “한성감옥에서 예수를 믿은 정치가”. 기독교사상 40(2): 245-50.
성민경. 2022. “고전문학을 통해 살펴본 서울 중구의 명소”. 서울학연구 86호: 35-75.
소요한. 2021. “스크랜튼(William Benton Scranton)의 선교에 대한 재고찰과 그 의의”. 신학과세계 100호: 111-31.
송민호. 2021. “다카하마 교시(高浜虛子)가 만났던 조선인 - 〈조선(朝鮮)〉에 나타난 식민지 지식인의 면영”. 현대문학의 연구 73: 119-55.
신용하. 1984. “한국 기독교와 민족 운동”. 기독교사상 28(10): 132-40.
신혜경. 1993. “대한 제국기 국민교육회 연구”. 이화사학연구 21: 147-87.
야가사키 히데노리. 2004. “근대일본정치사상에 나타난 이상과 현실: 일본의 과오와 교훈”. 국제정치논총 44(2): 167-87.
오석홍. 1997. “우리나라 중앙행정기구의 변천”. 행정논총 35(1): 69-96.
윤경로. 1998. “신민회 창립과 전덕기”. 나라사랑 97: 135-65.
이근복. 2020. “[교회를 그리며 교회를 그리워합니다] 민중운동과 민족 운동의 요람이었던 승동교회”. 새가정 67: 56-59.
이덕주. 2009. “이승만의 기독교 신앙과 국가건설론: 기독교 개종 후 종교활동을 중심으로(1899~1913)”. 한국기독교와 역사 30호: 35-90.
———. 1998. “전덕기 목사의 생애 재구성”. 한국기독교역사연구소소식 33호: 12-39.
———. 1998. “전덕기의 생애와 사상”. 나라사랑 97: 23-98.
이만열. 2017. “〈기획논문 - 독립운동과 대한민국 헌법정신〉 총론: 독립운동과 대한민국 헌법정신”. 인문과학연구 24: 9-29.
———. 2017. “전덕기의 개인 전기를 훨씬 뛰어넘는 역저: 이덕주의 『상동청년 전덕기』”. 기독교사상 698: 200-204.
———. 2017. “총론: 독립운동과 대한민국 헌법정신”. *Journal of Humanities* 24호: 9-29.
———. 2007. “한국 기독교와 민족 운동”. 한국로고스경영학회 학술발표대회

논문집 2007 11호: 11–30.
이선민. 2023. "신민회의 결성 시점에 대한 재고찰". 대동문화연구 121호: 203-232.
이양재. 2007. "[이준 열사 순국 100주년] 헤이그 특사 '이준 열사 병사설'은 가짜다". 민족 21 79호: 114–19.
이영미. 2017. "을사조약 후 고종의 대미교섭 시도에 대한 알렌(Horace N. Allen)의 인식과 대응". 한국근현대사연구 82: 93-123.
이영식. 2014. "초기 한국장로교회와 백정선교". 역사신학 논총 27: 118-47.
이은선. 2016. "1920년대까지 R. J. 토마스 선교사의 사역에 대한 인식 형성과정 고찰". 장신논단 48(4): 169–97.
이태훈. 2010. "일진회의 '보호통치' 인식과 '합방'의 논리". 역사와현실 78호: 347-82.
이항준. 2020. "독립협회 설립 이후 친위대장교 음모사건(1896.11)". 인문과학 79: 73-103.
전택부. 1998. "전덕기 목사와 그 주변 사람들". 나라사랑 97: 259-79.
정광희. 1998. "후쿠자와 유키치(福澤諭吉)의 학문론에 대한 일고찰". 교육과학연구 28: 93-112.
정진희. 1996. "[역사와 교회 33 - 상동교회] 한국 민족사의 산 증인". 새가정
조범래. 1992. "朝鮮總督府 中樞院의 初期 構造와 機能". 한국독립운동사연구 6: 87-129.
주진오. 1995. "논문 1898년 독립협회 운동의 주도세력과 지지기반". 역사와현실 15: 173-208.
———. 2010. "사회사상사적 독립협회 연구의 확립과 문제점: 신용하, 『독립협회 연구』를 중심으로". 한국사연구 149호: 321-52.
———. 1997. "해산 전후 독립협회 활동에 대한 각 계층의 반응: 황실과 언론을 중심으로". 역사와실학 9: 97-121.
최기영. 2007. "한말 李儁의 정치 · 계몽활동과 민족 운동". 한국독립운동사연구 29: 445-79.
최학삼. 2017. "갑오개혁과 동학농민운동의 조세제도개혁 관련성에 관한 연

구". 조세연구 17(1): 87-120.

편집부. 2014. "개화기 한국 초대교회의 모습". 본질과 현상 35: 72-96.

———. 1985. "高等裁判所 平理院 上訴判決宣告書". 법사학연구 8호: 196-358.

한규무. 2012. "1905년 '상동회의'와 을사조약 반대투쟁". 한국독립운동사연구 43: 5-41.

———. 2015. "상동청년학원 연구(1904~1913)". 서강인문논총 42: 419-54.

———. 1990. "尙洞靑年會에 대한 연구, 1897~1914". 역사학보 126: 71-113.

———. 2011. "을사조약 전후 상동청년회의 민족 운동과 정순만". 중원문화연구 16-17: 343-64.

홍인숙. 2016. "[고전 8] 근대계몽기 첩 출신 계몽운동가들 - 신소당과 이일정". 이화어문논집 40: 203-22.

황재범. 2010. "한국 개신교 초기 선교사들의 비정치화신학의 문제". 종교연구 59: 71-97.

히데노리야가사키. 2004. "A Study of Idealism and Realism of Modern Japanese Political Thought: Lessons from Past Japanese Foreign Policy". *Korean Journal of International Relations* 44(2): 167-87.

Herbert, B. Homer. 1905. "The Korea Review".

Jeong Hyun, Seo. 2013. "King Gojong and Changes in Jungdong area (1982-1910)". *Seoul and History*. 84. https://doi.org/10.22827/seoul.2013..84.003.

Jong Heon, Kim. 2010. "Russian Envoy in Korea, Beber's Activities from Tragedy in 1895 to 1896". *SARIM, The Historical Journal*. 35.

Il-Hwan, Kim. 2022. "Kim Jung-Sik's Conversion to Christianity in Prison and Post-Release Activities". *Christianity and History in Korea*. 57. https://doi.org/10.18021/chk..57.202209.259.

Lebbink, H.J. 1971. "Abraham Kuyper en de dagbladpers", *Antirevolutionaire Staatkunde*. 41.

Mensonides, H. M. 1978. "Een Koreaans Dreama in Den Haag(1907)". *Die Haghe*.

Murabayashi. Duk Hee Lee. Jeewon Hahn. Woo Joo Janice Lee. Hyun-Jee Oh. 2001. "Korean Passengers Arriving at Honolulu, 1903-1905". http://hdl.handle.net/10125/25500.

Prast, Jules. 2018. "De mannen achter De Standaard: geschiedenis van een antirevolutionair dagblad". *Auteursrechtelijk beschermd*.

【 인터넷 기사 】

배영대. "아관망명정부의 사교단체서 친일 정치단체로 … 왕권 탈취 노리다 자멸". 중앙일보, 2017년 11월 12일, sec 선데이. https://www.joongang.co.kr/article/22105982.

Klinkert, Wim. "Robert Melvil Baron van Lynden". 접근된 2023년 7월 4일. https://www.academia.edu/7161365/Robert_Melvil_baron_van_Lynden.

Library of Congress, Washington, D.C. 20540 USA. "Japanese | Immigration and Relocation in U.S. History | Classroom Materials at the Library of Congress | Library of Congress". Web page. 접근된 2023년 7월 11일. https://www.loc.gov/classroom-materials/immigration/japanese/.

N°. 10881.

De Standaard

A°. 190

Antirevolutionair Dagblad voor Nederland.

ZES EN DERTIGSTE JAARGANG.

Amsterdam, Vrijdag 6 September.

Alles Rechts!

BUITENLAND.